MW01228152

Habilidades superiores de liderazgo

Índice

Prólogo

Todo empezó cuando tenía trece años. Era un sábado de verano y hacía mucho calor. Me acuerdo perfectamente de eso porque estaba intentando reparar el ventilador junto a mi papá.

Mientras me las ingeniaba para hacer funcionar las aspas, siempre me intrigó saber y entender cómo funcionan los aparatos que me rodean; suena el timbre.

Para mi sorpresa, y la de mis papás, era mi profesor de informática. Era un poco raro recibir la visita del profesor García – todos sabemos que los profesores no suelen visitar las casas de sus alumnos – pero allí estaba, sentado en el sillón, con sus grandes lentes redondos y una propuesta para mí, debajo del brazo. Una propuesta que me iba a cambiar la vida para siempre.

Desde los doce años acudía, como muchos de mi edad, a clases de informática, pero en algún tema de la época fui más entusiasta que mis compañeros y esto motivó a que un sábado de tarde mi profesor tocara el timbre de la casa.

Mi padre lo atendió, y luego de las cordialidades habituales, el profesor García le propuso que al año siguiente fuera yo quién dictara unos cursos particulares.

Mientras escuchaba sorprendido, mi padre me dio la primer lección con la respuesta que le dijo en voz alta: *"Agradezco mucho la propuesta hacia mi hijo, pero la respuesta es que dejaremos pasar este ofrecimiento; no queremos atar su futuro a una sola relación laboral".* No voy a ocultarlo, en ese momento no me gustó nada.

Sin embargo hoy, que han pasado muchos años, no deja de sorprenderme mientras se los cuento. Mi padre fue empleado - exitoso y feliz- toda su vida aunque nunca dejó de buscar un plus económico en cada oportunidad que tuvo. Mamá, en cambio, seguramente motivada por mi padre, siempre tuvo su independencia laboral. Ambos, cada uno en su ámbito, líderes excepcionales.

Los años siguientes mientras transcurría el liceo generé un dinero extra dando clases en la casa de mis padres. Ahí me convertí en mi propio jefe por primera vez, si bien nunca me faltó nada, mis padres trabajaban los dos, somos tres hermanos por lo que ese "extra" me permitía algunos pequeños lujos que gastaba en la tecnología del momento.

El paso siguiente, ya como programador, a los 15 años, fue realizar y comercializar los primeros software de mi autoría. Fue una etapa dura, de muchas horas donde no siempre la relación tiempo / recompensa económica era buena.

Durante un período breve trabajé en la empresa de un amigo como desarrollador pero no pude con mi condición de gestor de proyectos que ya se visualizaba. Y trabajando para él hicimos una sociedad en la que daba clases como un micro emprendimiento auspiciado por la empresa en la que trabajaba. Esto duró casi un año.

A los 18 años decidí formalizar mi micro empresa, abrir cuenta bancaria inscribirme en los organismos públicos necesarios y rápidamente, sin buscarlo, tuve mi primer socio. El alcance del proyecto era desarrollo de software y soporte informático, y unos años más tarde, nos encontró abriendo nuestra oficina. A quien había sido mi empleador varios años atrás decidí incorporarlo y de esa forma hacer crecer el proyecto.

De esto, hace más de 20 años, los socios algunos fueron cambiando y tomando nuevos rumbos, pero el proyecto, solo ha crecido desde entonces.

En este tiempo, en forma paralela a la empresa de tecnología continúe explorando y desarrollando otras ideas, continúe armando otros proyectos. Entre ellos, un instituto de enseñanza, un restaurante, una empresa de inversiones, un proyecto inmobiliario (construcción de un edificio), una consultora que me permitió acercarme a la realidad de varias empresas y colaborar con ellas, al mismo tiempo que ejerzo como mentor de jóvenes con ideas excepcionales y colaboró en su realización. Por último, al momento de escribir estas líneas, estoy comenzando algunas otras aventuras y ya tengo claro que es un camino que no va a finalizar nunca.

Se puede decir que en los últimos veinte años me he dedicado a desarrollar intelectual y empíricamente tres áreas: tecnología, liderazgo y desarrollo de proyectos.

En estas hojas no ahondaremos en la parte tecnológica excepto aquellas herramientas modernas que nos puedan facilitar alcanzar nuestros objetivos. En cambio, sí lo haremos en liderazgo para la dirección de empresas o grupos de trabajo y en los pasos y hábitos requeridos para realizar un trabajo extraordinario.

Luego de haber analizado retrospectivamente mi proceso, la idea de este libro es compartir las experiencias que me han permitido realizarlo en forma ordenada:

- Dónde me he equivocado muchas veces pero pude capitalizarlo
- Dónde el aspecto que me ha permitido seguir adelante ha sido la gente que me ha rodeado y el **liderazgo** que he logrado ejercer junto a ellos
- Compartir algunas conclusiones a las que he llegado, muchas por investigación, pero muchas por aprendizaje luego de equivocarme

Internamente, debo confesarles que me he "enamorado" de cada idea siempre, y sin excepción, antes de comenzar una nueva etapa, creo esto es algo tan importante que si no sucede, es probable que el proyecto no se logre.

He trabajado quince horas diarias durante mucho tiempo, pero siempre convencido de que la idea que estaba gestando, analizandola despierto y dormido, generaba un gran entusiasmo que yo lograba contagiar.

Tal vez lo más constante de todo este camino es que me he sentido **exitoso** siempre, aunque no he sido siempre en términos económicos. Esto me ha permitido seguir adelante y no dejar en ningún caso de pensar en el siguiente proyecto. Con el tiempo fui mejorando este proceso y entendiendo que hay un **método para liderar** que genera mejores resultados que no aplicarlo.

A nivel de estudios decidí abandonar la universidad cuando tenía 20 años porque visualizaba que una carrera de 5 años era muy extensa para un mundo tan cambiante, y decidí - o no tuve otra opción negociando con mis padres - compensarlo por una vida de estudio que no ha finalizado nunca.

En forma extracurricular he tomado cursos sobre todo lo que he podido: desde corredor de bolsa, técnico en informática en cuanta especialidad exista, negociación, liderazgo, coaching, inteligencia artificial, plan de negocios, derecho societario, robótica y en forma universitaria, ya de grande, poseo un MBA en administración, y otro en tecnología.

Este texto resume ideas de gente extraordinaria que fui conociendo, las aterrizo y las comento con experiencias concretas. Todo esto enmarcado en teorías existentes que comparto y las integro en una sola lectura.

Es mi deseo, inspirar a otros a ser mejores líderes, complementando su visión actual, brindando herramientas que me han resultado, sintiéndome exitoso antes, durante y después de cada proyecto, sueño o idea.

Porque si hay una cosa que he aprendido, y en estas hojas intentaré compartirles y contagiarles, es que todo empieza con un sueño.

Capítulo 1
1. Liderazgo

1.1 Definición de liderazgo

Si uno busca en google la definición de liderazgo, aparecerá: *"Influencia que se ejerce sobre las personas y que permite incentivarlas para que trabajen en forma entusiasta por un objetivo común"*. El concepto queda claro pero no transmite el poder que realmente tiene.

Hace unos años tuve la posibilidad de armar un proyecto que resultó maravilloso, se trató de un restaurante / pizzería gourmet en una de las zonas más pobladas de Montevideo.

Cuando mi socio y yo adquirimos el negocio, le pertenecía a un italiano que lo tenía como hobbie, el negocio estaba totalmente deprimido y el equipo humano desmotivado. El equipo estaba integrado por: un encargado/cajero, dos pizzeros, dos cocineras y una bachera (lavacopas), en total eran seis personas vinculadas a la producción, a lo que se sumaban los mozos y los deliverys. El lugar era precioso y el producto riquísimo, pero por algún o varios motivos no lograba despegar, comercialmente no llegaba a pagar sus cuentas todos los meses.

Como dato inicial, el restaurante abría solo de noche y facturaba una cifra ínfima. Nuestra primera movida fue poner una encargada de nuestra confianza que no pertenecía al grupo humano existente, una *outsider*. Habíamos pensado en esto desde antes de adquirir el negocio, habíamos visualizado esta persona como parte fundamental para

13

alcanzar nuestros objetivos de crecimiento, una persona del rubro, con amplia experiencia.

En cambio, en contraste con lo esperado, no nos fue nada bien: al mes de haber comenzando nos presentaron renuncia uno de los pizzeros y la bachera, y un mes después, aparte de estar llenos de problemas, el local no crecía y perdíamos dinero.

1.2 El liderazgo de Juanjo

En las distintas visitas que realizaba frecuentemente al local, tanto durante el día para coordinarlo, como en la noche, como cliente había quedado impresionado con uno de los pizzeros (el que había renunciado), impresionado por las capacidades de liderazgo natural que poseía. Sus compañeros en este pequeño grupo lo seguían y no se cuestionaba lo que él decía, o mejor dicho, si se cuestionaba, era para sumar y no para trancar. La historia de este pizzero aumentaba aún más mi asombro al respecto, le llamaremos Juanjo para preservar su identidad.

Juanjo había entrado con veinte años para aprender de un pizzero anterior que era italiano, socio del italiano que nos vendió el comercio. Estos socios se pelearon y quien tenía que enseñarle el oficio, directamente no le hablaba, escondía las recetas, es decir dificultaba todo el proceso de aprendizaje. La estrategia de Juanjo fue simple: observar y tomar nota.

De esta forma, pasaron los meses con los socios peleados - de hecho se terminaron separando - y Juanjo fue armando su libro de recetas paralelas aprendidas solo por mirar y no discutir.

Un día, su maestro, que nunca le habló ni explicó nada, se fue del restaurante, y ese día, Juanjo pasó a ser el pizzero titular. Sin haber tenido estudios previos de cocina alguno, tal vez; seguramente, este camino dificultoso donde debió esforzarse el doble de lo requerido fue el primer paso para ganar el respeto de sus compañeros.

Pero, en nuestra nueva etapa, Juanjo ya no pertenecía al nuevo equipo, había renunciado por las diferencias con la nueva encargada que habíamos puesto. A todo esto, seguíamos sin crecer, algo había que hacer.

Llamé a Juanjo y lo cité en mi casa, acudió con gusto, a esa altura no teníamos confianza, yo lo había observado mucho, pero habíamos dialogado poco. Fui directo, le conté el proyecto, le conté nuestras metas y le contagié nuestro entusiasmo. En forma cuantitativa el mensaje fue: al menos cuatriplicar las ventas del restaurante. También le relaté lo que había visto en él, lo importante que resultaba su liderazgo en el equipo y le conté también, que queríamos que fuera el encargado y ya no el pizzero, es decir, que asumiera otro rol.

Toda la confianza que nos faltaba, la logramos en unos minutos, nos entusiasmamos juntos, soñamos con la idea del restaurante lleno de gente. Aceptó ser parte del proyecto

15

nuevamente por lo que el siguiente paso fue desvincular a la encargada outsider que habíamos puesto para que Juanjo volviera y ejecutará su nuevo rol. La encargada que sacamos no era mala en su labor, pero en este grupo no resultó ser líder. Tal vez en otros sí y sus resultados en otros grupos quizá fueron excelentes, pero en este proyecto era una pieza que no encajaba.

Lo que vino después de esto, fueron varios cambios internos de mejora, desde la optimización de los procesos existentes, el plan escrito y la alineación de objetivos, pero podemos adelantar que la meta se cumplió, el restaurante multiplicó sus ventas y no tuvimos rotación de personal en los siete años que estuvimos al frente del mismo, esto fue merito del encargado y su **liderazgo**.

Su liderazgo permitió que la gente quisiera trabajar allí, era un perfecto comunicador de los objetivos de la dirección, realmente los vivía como propios y los compartía con el equipo. Durante el tiempo que estuvo al frente, cómo hacen los buenos líderes, conoció al detalle qué factores motivaban a sus compañeros, conoció sus fortalezas y su debilidades; no nos sorprendía si un día de mucho movimiento se lo encontraba en la cocina ayudando o haciendo de mozo o sacando pizzas del horno. Más allá de su fuerte compromiso con los clientes, él estaba en los momentos que sus compañeros lo precisaban.

También se encargó de trasladar los reclamos o atenciones requeridas por el resto del personal y gestionarlas. Era el primero en fomentar un reconocimiento cuando estaba convencido que alguien se lo merecía y también el primero en negarlo sin que nos enteráramos cuando no correspondía.

Los atributos que destacan a Juanjo, en su gestión como líder, y en forma genérica, la de cualquier líder son:

• Humildad: no se propuso que lo siguieran a él, lo que se propuso fue lograr una meta en común que era el crecimiento del restaurante

• No pretendió dominar al equipo sino ganarse su confianza y respeto

• Fue receptivo con las nuevas ideas y las nuevas formas de trabajo

• Tenía honestidad moral e intelectual, nunca tuvimos nada que nos genera desconfianza en su actuar

• Dedicación absoluta al proyecto

1.3 ¿Qué buscan y esperan los equipos?

A partir de allí, fui descubriendo lo que buscaba el equipo, ese equipo que no supimos de entrada manejar adecuadamente.

❖ *El equipo **busca un propósito**, se requiere tener objetivos, en nuestro caso fue crecer y posicionarnos como el restaurante de pizzas gourmet referente de Montevideo.*

❖ *Busca **confianza y franqueza**. Cuando el equipo se siente escuchado se establece la mejor dinámica de todas, esto no implica dejar de discutir, implica únicamente desarrollar la mejor de las empatías que nos permite ponernos en el lugar del otro.*

❖ ***Necesita y le gusta que le transmitan optimismo**. Si el líder no está convencido que "sí se puede", nunca va a suceder y solo reinará un clima generalizado de derrotismo. El optimismo es parte esencial del líder y fomenta el desarrollo de su equipo.*

❖ *El equipo **necesita ver acción y ver resultados**. Si Juanjo solo hubiera hablado pero no lo hubieran visto servir, limpiar, hornear las pizzas, seguramente no hubiera sido suficiente.*

1.4 El mentor de un equipo

Para el caso de la empresa de tecnología, y durante veinte años, se puede decir que vengo desempeñando un rol mixto: por un lado, ejerzo y comparto el liderazgo tecnológico, y por otro lado, me ocupo, con gran dedicación y compromiso, del manejo de los equipos de trabajo.

Del liderazgo tecnológico no hay mucho para comentar, tiene que ver con aplicar una serie de conocimientos e investigación para que el rumbo de la empresa esté claro, se pueda cumplir con los contratos firmados y la empresa innove constantemente. Ahora, en relación al manejo de equipo de trabajo, la historia es más compleja.

Mi foco ha estado siempre en ser un **mentor** para el equipo y desarrollarlos al máximo en cada área donde demostraban interés. Para esto he dado clases, he realizado coaching, armado instructivos, he dispuesto de tiempo para cada integrante del equipo y he sido extremadamente duro cuando tenía la certeza de que podían llegar más lejos.

Como contrapartida, no he dudado un instante en alejar a aquellos que no estaban alineados con esta política, que no querían crecer o que no estaban dispuestos a dar el máximo y compartir el sentimiento de pertenencia, por el que he trabajado incansablemente.

En general, basta con que un solo miembro no esté dispuesto a alinearse para destruir el trabajo del resto. Esto tiene que ver con uno de los requerimientos más importantes y menos simpáticos de liderar que es:

"hacer lo que se precisa hacer y no necesariamente lo que es visto como correcto".

En varias oportunidades, estaba rodeado de personas con las que se generaba, con motivo de la convivencia, relaciones simpáticas, y me ha tocado desvincular del equipo a una persona que le caía muy bien al resto. Esto no es una tarea fácil, y me ha costado, en más de una oportunidad, caras largas de parte del equipo que no comprendía cómo impacta en los demás que una sola persona no logre alinearse.

TIP

En estos casos el líder debe primero agotar intentos para que la persona crezca, tener conversaciones honestas y solo luego de haber agotado estas instancias actuar en pro del resto del equipo.

Estos pasos tienen que ver con la transparencia y la honestidad moral de que se hizo todo lo posible para desarrollar y alinear al otro.

Sin embargo, si bien desvincular a alguien es una decisión poco feliz, los equipos que he liderado me han devuelto este esfuerzo con creces. Siendo una empresa pequeña, y por momentos mediana, hemos tenido productividad alta y una rotación baja para el sector. Fuera de lo numérico, la pasamos bien, muy bien. Qué horrible debe ser ir a trabajar a un lugar donde no te sentís cómodo. Por suerte nunca me ha sucedido.

1.5 Más que una mesa de ping pong

Conozco colegas de empresas similares a quienes el celular les suena 24/7 (todo el día). Significa que, teniendo gente, están solos. Hace unos días uno de ellos me decía: "¿Cómo hacen ustedes para retener a la gente? ¿Tienen mesa de ping pong?".

Lo recuerdo porque me resultó gracioso el tema del ping pong (más adelante veremos teorías sobre este punto). Le comenté algunas de las cosas que hacíamos, que todas eran relacionadas a liderar y claramente, mi colega no ponía en práctica ninguna.

Ser un buen líder no es una garantía para la NO rotación de personas en las organizaciones, pero con certeza ayuda, y mucho.

TIP

Si hay equipo, el teléfono le suena a todos y no solo a uno. Hay señales que con el tiempo uno va aprendiendo a descubrir en forma simple.

El hecho de que una persona no pueda desconectarse un segundo del trabajo, significa que tiene un problema con su equipo de trabajo, pues, si no se sueña en conjunto, no se sueña. Si la culpa siempre es del equipo, el líder no funciona. Si los problemas siempre están afuera, tampoco hay equipo.

Y si no hay equipo, se podrá avanzar, pero no se llegará lejos.

2. Teorías y tipos de liderazgo

La visión moderna de liderazgo determina a un líder por el resultado de su actuar, es decir, si tiene o no seguidores. Uno es líder en algunos ámbitos, y seguidor en otros, y eso es totalmente normal.

Una de las preguntas que mas he escuchado en reuniones de consultoría, sobre todo en hijos de fundadores de las empresas, es si un líder: ¿se hace o se nace?

2.1 ¿Líder se nace o se hace?

En mi experiencia, es innegable que hay atributos innatos, como si fuera un gen que ya se trae para esta tarea. En algunos casos es muy visible, la persona suele ser el centro de atención en una reunión, aún sin buscarlo, a veces por su tono de voz, a veces por su postura o porque su recorrido ha merecido el respeto de sus pares.

Por otra parte, también he trabajado en crear líderes que previamente no lo eran. Ser líder no es una postura, no es suficiente con querer serlo y funciona inversamente proporcional al esfuerzo si no hay seguidores, es decir genera algo muy negativo. Es el resultado real de nuestra influencia en otros. Si logramos generar esa influencia, seremos líderes, y sino por más que lo intentemos no tendremos seguidores y eso no es ser líder en ningún caso.

Para la **creación de líderes**, para intentarlo, lo primero es desear realmente ser un líder. No en forma efímera como un cargo más en una tarjeta, sino como algo intrínseco de guiar a los demás hacia un objetivo común. Incluso, sería natural

24

que fuera una necesidad dentro de una organización ya que siguen existiendo, a modo de ejemplo, empresas comercialmente exitosas que en estas épocas digitales no encuentran líderes modernos que las guíen.

El siguiente paso es repasar los aspectos que definen a un líder, como dar un buen ejemplo, emplear una buena comunicación, saber negociar, ser perseverante, contar con empatía como elemento esencial del relacionamiento humano, tener una formación continúa debido a que el líder enseña y aprende todo el tiempo, entre otros aspectos.

En los casos que he tenido oportunidad de acompañar este proceso, he podido corroborar que ayuda el contar con un mentor. Convertirse en líder no se logra en 24 horas y cambiar formas de ser es algo que cuesta mucho. Es más sencillo este proceso y más efectivo si un mentor, generalmente un antiguo líder, o un líder en otro ámbito, nos hace ver los ajustes que debemos realizar para seguir creciendo y transformarnos en referentes hacia los demás.

Se trata de diálogos honestos y confidentes que en general son dolorosos; "no nos gusta que nos digan lo que debemos cambiar si sentimos que estamos dando nuestro máximo esfuerzo". Pero, el resultado al final del camino puede ser el de un líder creado tan bueno como innato o viceversa.

Este "gen" del que hablábamos al principio no es algo superior frente a otro líder, es únicamente un camino distinto.

2.2 Creación de líderes; dos modelos

Existen al menos dos teorías en relación a la creación de líderes que podemos analizar en este libro:

- La situacional
- La grupal

En la **teoría de creación de líderes situacional**, se define al líder como relativo a la situación, esto significa que es la situación la que demanda la existencia de ese líder y que el grupo no es realmente liderado sino que la misma situación requiere que alguien resuelva algunos temas y eso lo transforma en líder. Esta situación no tiene por qué generar buenos líderes, puede ser simplemente el menos malo que existía en el grupo en ese momento para esa situación.

Tal vez la resolución de una situación específica haya sido resuelta, pero el liderazgo y las metas a largo plazo pueden estar comprometidas.

Por otra parte, las **teorías grupales** clasifican de forma muy diversa al líder pero están de acuerdo en al menos dos puntos:

- El tipo de líder cambia directamente vinculado a cómo está compuesto el grupo que lidera

- El líder influye en el comportamiento de los demás

26

Para explicar esto mejor, mencionaré dos autores para comprender estas clasificaciones grupales.

Teoría según Kurt Lewin

Uno de los autores, es Kurt Lewin[1], psicólogo alemán de la primera mitad del siglo XX.

Lewin, identifica tres tipo distintos de liderazgo:

- **Autoritario.** En este caso el líder monopoliza la toma de decisiones. Es esta persona quien asigna los roles, las técnicas y métodos para completar las tareas. Es tal vez el estilo más extendido y fácil de identificar

- **Democrático.** Las decisiones no se toman solo, surgen como resultado de un intercambio colectivo, su rol es el de experto que aconseja e interviene cuando es necesario.

- **"Dejar Hacer".** Se refiere a cuando no existe una decisión tomada en solitario o en consenso sino que cada uno toma sus propias decisiones aunque no necesariamente implica que se hagan responsables.

[1] · Lewin, K. "Teoría del campo y experimentación en psicología social", 1951

Para Lewin, el que arroja mayores resultados en las organizaciones es el "Democrático". Como veremos en las siguientes hojas, no existe uno mejor que otro, y lo que parece mejor para Lewin no es necesariamente así en la actualidad, ni en todos los contextos.

Por su parte, el autor Robert House[2], en 1971, propone, que un buen líder es eficaz cuando sus seguidores creen que:

- Es claro al fijar sus metas

- Guía suministrando apoyo para eliminar los obstáculos que aparecen hasta conseguir el objetivo.

Lo otro que propone House es que el estilo no es innato sino que depende y debe ajustarse a la situación y al grupo con el que se encuentra.

Los estilos de liderazgo que identifica son:

- **Directivo**. Se desarrolla la guía necesaria para alcanzar los objetivos. Lo define como el adecuado cuando el grupo de trabajo tiene poca capacidad para realizar los trabajos en forma autónoma. Está orientado a las tareas.

- **Apoyo**. Se genera preocupación por las necesidades del equipo y se asegura de generar

---

[2] · House, R. "La teoría del camino objetivo" , 1971

28

relaciones cordiales entre los miembros. El líder debe establecer los sistemas de incentivos. Está orientado a las personas.

- **Orientado al logro.** Se fijan metas altas sin indicar cómo llegar, el objetivo es fomentar un alto rendimiento.

- **Participativo.** Se aceptan sugerencias sobre cómo realizar las tareas

2.3 Transformar vs. traccionar

Por otra parte, existen líderes que transforman y otros que traccionan. Cuando se transforma un equipo, el equipo cambia absolutamente y se generan nuevas oportunidades. Cuando se tracciona se mejora lo existente y aumenta la eficiencia, es decir mejora el desempeño.

Esta distinción la realiza el economista estadounidense Douglas McGregor[3] y no refiere a que una es mejor o peor que la otra, sino que son roles que muchas veces suceden a partir de situaciones específicas.

En la medida que fui conociendo distintas organizaciones he visto actuar a distintos líderes, de distintas formas, a lo largo del tiempo. Es decir, que ubicar a uno con una etiqueta inamovible no sería correcto. Hemos dejado claro, y lo he

---

[3] Douglas McGregor, D. "El lado humano de las organizaciones", 1960

confirmado, que el entorno y el grupo requieren líderes distintos, como las épocas cambian y los grupos cambian es natural ver a un mismo líder actuar de forma distinta. No solo es natural, sino que sería sano ya que implica que el líder detecta ese cambio y se adapta rápidamente.

2.4 El ejemplo de una empresa familiar

En una empresa familiar que me dio la oportunidad de participar en su directorio como asesor durante un tiempo, se estaba gestando la incorporación de los hijos de uno de los directores.

La preocupación al respecto suele repetirse en distintas empresas: los padres quieren que sus hijos, por un lado, no tengan las dificultades que tuvieron que vivir ellos, y por otro, que realicen un camino similar de aprendizaje antes de tener el poder total sobre la organización.

En esta ambigüedad los dos directores que eran familia, discutían el camino que debía seguir la hija de uno de ellos. El padre tomó una postura de "dejar hacer", es decir, que la hija iría buscando su propio camino, aunque le resultaba extremadamente difícil ya que su formación académica no estaba vinculada al negocio. En cambio, el otro director tomó una postura orientada al logro donde las metas que le ponía eran sumamente altas y mayormente le generaban frustración.

Como se trataba de una familia, esto fue una etapa muy difícil, de mucha preocupación e incluso de diferencias en el directorio sobre estas posturas opuestas. Mientras tanto, el tiempo pasaba, por un lado el padre la dejaba hacer lo que mejor le pareciera, y por otro, el otro director, le seguía subiendo la vara cada vez que se acercaba a la meta puesta.

Hace un tiempo me encontré con "la hija", hoy ya más grande y más madura, quien encontró su posición dentro de la organización y hoy conduce un proyecto sumamente exitoso, me comentó que recordaba de esa época lo bueno que resultó que permanentemente se le exigiera más. Me confesó que lo vivió por momentos con mucha angustia pero que hoy está agradecida de esa postura, y que por momentos, sintió la falta de tutoría en este aspecto de su padre.

En lo personal, y evitando una postura salomónica sino analítica, entiendo que fue un trabajo en equipo el que realizaron. Era necesario que uno dejara hacer, y que el otro, exigiera más porque es probable que si sólo se exigiera más, la hija hubiera abandonado, y si solo se lo dejara hacer, no hubiera llegado a ningún lado.

2.5 Arrear gatos

Todo esto tiene que ver con que en las teorías de liderazgo definimos rasgos en común para situaciones en común, pero, en general, ninguna es todo el tiempo de una forma y una teoría no anula necesariamente la otra.

Existe un libro que me es inevitable recordar su título al que llegué hace más de una década que tiene que ver con esta complejidad de liderar, es el libro de Warren Bennis titulado *"Conducir gente es tan difícil como arrear gatos"*[4]. Simplemente, un título genial.

Aclaración importante:

Ser responsable de un equipo de trabajo no es necesariamente liderar, esto es porque ser **jefe** es un cargo que nos asignamos o nos asigna una persona, ser **líder** implica tener seguidores y eso en ningún caso se impone.

---

[4] Warren Bennis, *"Conducir gente es tan difícil como arrear gatos"*

El siguiente cuadro, es tal vez uno de los más difundidos en internet pero no por eso menos importante, se trata de continuar aclarando el rol del líder y sus diferencias como contrapartida con un responsable de equipo:

Componentes responsable de equipo	Componentes de un líder
Enfocado en que se cumplan las tareas y procedimientos establecidos.	Se enfoca en las personas, en las necesidades y sus motivaciones
Produce resultados en el corto plazo	Produce resultado en el medio y largo plazo
Ordena	Genera un camino a seguir

Sería una fantasía pensar que solo se puede sostener una empresa con resultados en el largo plazo pero, sería suicida basar una compañía solo con ingresos inmediatos.

A mi entender, "hay que soñar despierto" y esto significa actuar 30% como responsable de equipo y 70% como líder.

2.6 El diferencial de la inteligencia emocional

Continuando con el análisis sobre liderazgo, un aporte interesante lo brinda el autor Daniel Goleman[5].

Lo que plantea es que los líderes más efectivos tienen en común un alto componente de inteligencia emocional mucho más que su coeficiente intelectual o su conocimiento técnico.

Para definir esta inteligencia emocional según Goleman un líder debe tener las siguientes 5 características:

- **Autoconciencia.** Se sienten cómodos con sus propios pensamientos y emociones y entienden cómo impactan en los demás. Comprender y aceptar lo que siente es el primer paso para superarlo.

- **Autorregulación.** Es importante tener la capacidad de controlar y administrar los impulsos y las emociones. Actuar precipitadamente o sin prudencia es a menudo un error que puede dañar las relaciones con clientes o colegas.

- **Motivación interna.** Estar motivado únicamente por una recompensa económica o material no es una característica beneficiosa. La pasión por lo que se

---

5 · Goleman, D. "La Inteligencia emocional", 1995

hace es la verdadera motivación interna y permite ser sostenida en el tiempo.

- **Empatía.** No solo se deben entender las emociones propias, sino que comprender y actuar en función de las emociones de otros conduce a un mejor desarrollo de una relación de largo tiempo.

- **Habilidades sociales.** Esto significa mucho más que simplemente ser amigable. Significa en palabras de Goleman "amistad con un propósito" lo que en la práctica es tratar con respeto a todos pero, las relaciones saludables también se utilizan para el beneficio personal y organizacional.

Comparto este ensayo de Goleman en su mayoría, particularmente comparto el espíritu de cada uno de los cinco puntos. Al igual que en otras cosas, llevado al extremo, puede estar definiendo a un actor con un solo objetivo, que es lograr su meta, y cuando sé es un actor las 24 horas al día, como diría Bertrand Russell[6] "simplemente genera infelicidad".

Como resumen, existen diversos tipos de liderazgo y hay múltiples estudios sobre esto. Existen rasgos que identifican a un líder y existen rasgos que identifican a un "NO líder". Lo que no existe es otra forma de medirlo más que el hecho de tener seguidores.

---

[6] · Russel B. "La conquista de la felicidad", 1930

2.7 El líder desprolijo pero adorado

En una oportunidad pude asesorar durante un tiempo a una importante empresa con un director joven que era también un líder sumamente particular; desordenado, pícaro al hacer negocios, disperso en su vida sentimental, era todo un lío, pero su equipo de trabajo lo adoraba, lo seguía donde fuera.

Este líder inspiraba algo difícil de transmitir. En las veces que compartimos mesas de directorio, él siempre estaba preocupado en hacer crecer económicamente su negocio, como una obsesión, pero no había una oportunidad en que en esa misma mesa no estuvieran sus "cabezas" de áreas bien representados y hasta conteniéndolo, diría yo, eran su cable a tierra, ya que sino él volaba y soñaba en forma desmedida. Lo vi multiplicar su empresa y también lo vi achicarla, lo vi muy cómodo y también muy complicado, pero siempre lo vi rodeado de gente que quería tenerlo cerca, desde su equipo hasta sus clientes.

En relación a esto, el liderazgo es similar a la definición de belleza: "difícil de definir pero fácil de reconocer cuando uno lo ve", nunca mejor aplicado.

En mi experiencia como observador he detectado el cambio de liderazgo en distintos líderes y he detectado profundamente un cambio en mí mismo en la medida que han pasado los años. Rara vez he leído como rasgo uno, que he podido detectar, como un común denominador: la terquedad.

La "motivación interna" que Goleman describe como "autobombo" es necesario que un líder tenga para lograr esa energía requerida con el fin de alcanzar sus objetivos. Este es el lado positivo. Pero, el lado negativo es que muchas veces nos transforma en tercos o duros ya que estamos tan convencidos de nuestra idea y de que debemos llevarla a cabo, que será muy difícil convencernos de otra cosa.

2.8 El líder ante la crisis

Hace unos veinte años, en Uruguay, hubo una crisis económica muy importante. Como líder debí tomar la decisión de recortar personal, algunos dejarlos ir y a otros retenerlos realizando un medio horario que es lo que podíamos pagar. Con los socios y directores fue más duro, directamente durante seis meses no cobramos sueldo. Cuando anuncié estas medidas, como era de esperarse nadie estuvo feliz y era entendible. Estuvimos realmente muy complicados pero estaba convencido que esta medida nos permitiría reorganizar los números de la empresa y seguir adelante.

Es decir, era una medida a largo plazo, y es el tipo de medidas y perspectiva que los líderes deben tomar. Mi convencimiento interno en ese momento nos permite hoy, veinte años después, seguir existiendo.

En cambio, cerca de esa época, pero después, comencé a estar tan convencido de que debía seguir lo que pensaba, y estaba tan convencido, que me fui aislando. En lugar de trabajar compartiendo mesa con mis socios, decidí cambiarme de escritorio. Luego decidí quedarme hasta más tarde para tener un rato a solas y luego preferí directamente durante el día tener la puerta cerrada. No fue una época fácil, la pasé muy mal, y mis socios lo deben haber pasado aún peor.

Ese convencimiento interno fue desmedido y solo cuando me di cuenta que me estaba quedando solo y que no era responsabilidad de los demás sino mía fue que logré cambiar. Como líder entendí que estando solo podría hacer las cosas a mi manera pero no llegaría a ningún lado. Esto cambió mi actitud y me acercó nuevamente al equipo.

Años más tarde, dirigiendo un equipo de desarrollo informático volví a cometer otro exceso, ponía la vara tan alta que, cada vez que llegaban, la volvía a subir. Este siempre fue mi estilo para con los demás y para conmigo. El problema era que esa vara, que no terminaba de subir nunca, generaba frustraciones y esas frustraciones alejaban al personal. Ahí debí volver a calibrar y entender la necesidad de fijar metas alcanzables y no cualquier meta.

Liderar no es acaparar, liderar no es tener la razón siempre. Liderar es tener como objetivo que el equipo crezca y sea altamente eficiente facilitando todo el tiempo el camino hacia la meta.

Hoy, en mi jornada laboral me dedico aproximadamente un 50% a compartir conocimiento con mis equipos de trabajo, escribiendo artículos, dando clases, conduciendo proyectos.

Es maravilloso poder observar el crecimiento de los otros que termina reflejándose siempre y sin excepción en crecimiento propio.

3. La motivación

Un amigo siempre me repite "el dinero y el poder mueven el mundo". Y creo que esto es cierto, en determinados ámbitos. Ahora, cuando se trata de empresas, de equipos de trabajo, es bastante más complejo. Me resulta importante definir la motivación y la definición con la que más me identifico es:

"La motivación es el impulso y el esfuerzo para satisfacer un deseo, siempre es anterior a lograr la meta".

Como líderes, motivar es provocar en otros una energía que los mueva hacia nuestro objetivo. Pero, ¿qué nos motiva?, ¿mis motivaciones son las mismas que la de los demás? La respuesta a ambas preguntas es que depende de cada persona.

Esto significa que un líder si es líder de un equipo de 30 personas, deberá detectar 30 causas de motivación para facilitar el hecho de que su equipo vaya hacia dónde debe ir. Un equipo desmotivado cumple su jornada laboral sin generar valor, solamente realizan su trabajo. Sin embargo, si un equipo está motivado, en mi experiencia, cada uno rinde al menos **una vez y media más,** es decir, aumenta la productividad de las personas. Esto es real y es medible. Basta con visitar empresas de rubros similares y ver cuánta gente tiene una, y cuánta gente tiene otra, y la diferencia va a ser la motivación y el líder.

3.1 Teorías sobre motivación

Existen varias teorías que analizan y explican los factores de motivación, a continuación vamos a enumerar las más difundidas y analizar los "pro" y "contras" de cada una.

Cuando tuve los primeros acercamientos a estas teorías, me enriqueció mucho entender la complejidad del tema, al mismo tiempo que me daba herramientas para como líder analizar y entender mejor los factores que motivan y desmotivan a mis equipos de trabajo.

Teoría de la jerarquía de las necesidades, según Maslow

El desarrollo teórico del conocido psicólogo estadounidense Abraham Maslow[7] es la pirámide de las necesidades, modelo que plantea una jerarquía de las necesidades humanas, en la que la satisfacción de las necesidades más básicas o subordinadas da lugar a la generación sucesiva de necesidades más altas o superordinadas.

Podemos decir que el autor establece una jerarquía dónde dividió en cinco necesidades, explicando que una se activa sólo cuando la anterior fue satisfecha. La jerarquía que propone es:

---

[7] · Maslow A. "A Theory of Human Motivation", 1943

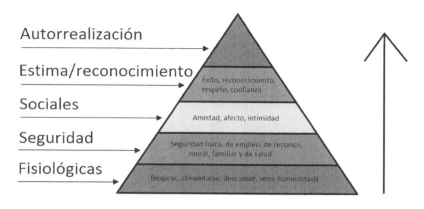

PIRÁMIDE DE MASLOW

1) Necesidades fisiológicas son: alimento, confort, instinto de conservación
2) Necesidades de seguridad: implica estabilidad, evitar riesgos, evitar daños físicos
3) Necesidades sociales: son las vinculadas a trabajo en equipo, aceptación, pertenencia y compañerismo
4) Necesidades de estima: implica el reconocimiento, el prestigio, la responsabilidad
5) Necesidad de autorrealización, es la independencia, la competencia y la oportunidad

Es decir, que, para satisfacer las necesidades de seguridad, primero se deben haber satisfecho las fisiológicas, las motivaciones internas surgirán únicamente luego que un nivel esté cumplido, para así, luego, pasar al siguiente. Como líder, entender a Maslow es fundamental.

43

No podemos estar hablando de motivar un trabajo en equipo a una persona que está con serias dificultades económicas (necesidades fisiológicas) porque no va a poder cumplirlas, y solo agregaremos frustración. En cambio, sí podemos sentarnos y ayudar a la persona a resolver esos temas, tal vez ayudándolo y enseñándole cómo debe administrarse.

Quizá la crítica más grande a Maslow sea que sus experimentos fueron realizados con personas aisladas, y no con individuos inmerso en un grupo social. La diferencia radica en que, para una persona promedio, un factor determinante son las expectativas que los demás tienen sobre él. Esto no desmiente los cinco escalones de Maslow pero le agrega un contexto a tener en cuenta y es que para cada uno, será diferente el peso que le dé a cada escalón; un dato curioso vinculado sobre esto es el algoritmo de búsqueda de Google.

3.2 El paralelismo con Google

Entre otros factores, google posiciona una página web cuando uno realiza una búsqueda más arriba o más abajo en función de que otros sitios web hacen referencia - hablan de él -. Esto en español significa que cuanto más hablan los demás de mí, más importante me siento. Cualquier parecido con el mundo real humano es mera coincidencia.

3.3 Teoría del factor dual, Herzberg

A diferencia de Maslow, las teorías del psicólogo Frederick Irving Herzberg - Herzberg fue un renombrado psicólogo que se convirtió en una de las personas más influyentes en la gestión administrativa de empresas[8] - están centradas en el ámbito laboral. Herzberg, separó los factores en "higiénicos" y "motivadores".

Los factores higiénicos elimina la insatisfacción pero esto no implica que genere motivación. Lo que sí es seguro, que si no están satisfechos generan insatisfacción. En cambio, los factores motivadores son aquellos cuya presencia o ausencia hacen que las personas se sientan motivados.

Los factores motivadores coinciden con el nivel cuatro y cinco de Maslow y los higiénicos con el uno, dos y tres.

Este enfoque resulta interesante aplicado al trabajo ya que permite diseñar el "enriquecimiento del trabajo" (job enrichment) que no es, ni más ni menos, que permitir al trabajador satisfacer sus necesidades más altas (cuatro y cinco), y en función de esto, generar más valor para la organización.

Esto llevado a la práctica, implica seguir los siguientes principios:

---

[8] · Herzberg F. "Teoría de los factores", 1959

45

1. Quitar controles pero mantener la responsabilidad
2. Aumentar la responsabilidad sobre el trabajo
3. Delegar áreas de trabajo completas
4. Conceder mayor autoridad y mayor libertad
5. Brindar informes directo a los funcionarios sobre su actividad
6. Asignar tareas nuevas y más difíciles
7. Asignar tareas específicas permitiendo convertirse en expertos

Quizá lo más interesante de Herzberg es que los factores que motivan pueden coexistir con los que desmotivan, y esto no se soluciona incrementado únicamente unos y no tocando los otros. Para Herzberg, la única forma de motivar es eliminar los factores desmotivadores en su totalidad.

3.4 Cómo poner a Herzberg en acción

Cuando ingresé por primera vez en una organización, en la cual me desempeñé como asesor un período de varios años, me encontré con casi todos los puntos no cumplidos que enumera Herzberg. A modo de ejemplo, cada cotización (sí, todas) que realizaban los vendedores debía ser autorizada por el gerente comercial, esto dista mucho del punto 1: "Quitar controles pero mantener responsabilidad".

El resultado, aparte de ser desmotivante era nefasto, como era de esperarse se armaba un gran cuello de botella sobre el gerente comercial.

Llevar a cabo los 7 puntos no es tarea fácil, implica en muchos casos un cambio organizacional mayor.

En esta organización, el punto 1 rápidamente se pudo llevar a cabo y revertir la situación. Para el punto 2: "Aumentar la responsabilidad sobre el trabajo", existía una visión reinante en la que todos los funcionarios coincidían en que los responsables de que las cosas no salieran era la **dirección**.

Esto motivó una charla con la dirección a solas buscando un cambio de visión y el mensaje posterior que se comunicó al personal fue: que todo lo que fuera viable y fuera en el rumbo de la organización, estaba habilitado hacerse. La dirección pasó del "NO" que usaba seguido, a "prueben y veamos resultados". Como consecuencia, en reunión con las gerencias involucradas debí recordarles que ahora que no había obstáculos todo dependía de ellos; se aumentó la responsabilidad sobre el trabajo.

Para el punto tres: "Delegar áreas de trabajo completas" discrepe con Herzberg y lo implemente en forma parcial. Una organización moderna tiende a tener roles más horizontales y la tecnología facilita mucho el trabajo en equipo. Esto hace que de repente tengamos tareas variadas y colaborativas a diferencia de un proceso en serie. La organización, en este sentido, estaba aún trabajando en ser más horizontal a pesar de contar con jerarquía interna.

Lo que sí logramos fue, en charlas individuales, con piezas claves, hacerlos responsables de grupos más reducidos, fue algo como armar jerarquías dentro de las jerarquías, esto motivó a personas importantes para la organización que estaban tapadas en el funcionar piramidal.

El punto 4: "Conceder mayor autoridad y mayor libertad" es tal vez el que más viene costando. La autoridad en general cualquiera de nosotros la incorpora fácilmente, pero no así la libertad aunque contradictoriamente es lo que más reclamamos.

3.5 El elefante encadenado

En relación a esto, hay un cuento de Jorge Bucay titulado "El elefante encadenado", en el que, en resumen, lo que plantea es un elefante de circo que siendo chico estaba encadenado a una estaca pequeña de madera, por su tamaño en ese momento, esa estaca era suficiente para evitar su fuga. El tiempo pasa y siendo más grande, tal vez ya en unas 2 toneladas de peso, atado aún a la misma estaca, tampoco se escapaba a pesar de que solo moviendo su cuello la hubiera arrancado del piso sin pensarlo. La moraleja de Bucay es que nadie le enseñó al elefante a ser libre.

En las organizaciones sucede algo similar, cuando se entrega la libertad, se espera un cambio radical en la organización, y luego vienen desde la dirección los reproches de que esa libertad no ha sido utilizada, por ejemplo, para buscar nuevos productos, mejorar rendimientos, cambiar métodos internos, "poder pensar sin ataduras", etc. Es que lo que ha fallado en estos casos es que no se enseñó, en qué se podía utilizar esa tan deseada libertad laboral a favor de la organización. Este punto, aún lo estamos trabajando, incentivando al personal a que la utilice y lleve a la empresa lo más lejos posible.

Para el punto 5: "Brindar informes directo a los funcionarios sobre su actividad " fue tal vez de los más fáciles de llevar a cabo. Se comenzó con devoluciones individuales y acceso a la información de la empresa por parte del personal gerencial. De esta forma, cuando el dueño se quejaba o se mostraba preocupado, ahora se le acompaña en la preocupación y en las acciones a llevar a cabo, de la misma forma que cuándo se puede compartir un logro, se hace.

Para el punto 6: "Asignar tareas nuevas y más difíciles" esto está directamente vinculado al líder. Es fundamental llevar el equipo lo más lejos posible, porque eso se traduce inmediatamente en el crecimiento de la empresa.

Lo primero es salir de lo rutinario e incorporar, al principio, pequeñas tareas en cada grupo, y en forma individual, que permitan crecer un escalón. No solo será un crecimiento intelectual y generará entusiasmo, sino que también convertirá a cada persona en un actor del crecimiento esperado. Esta experiencia, en la empresa que vengo comentando la implementación de estas ideas lo que fuimos haciendo fue, sin descuidar las tareas habituales, incorporar

49

pequeñas tareas de investigación correspondiente a cada área, esto es un un punto aún en desarrollo.

Por último: "Asignar tareas específicas permitiendo convertirse en expertos". Este es un punto fácil de implementar conceptualmente pero complejo en la práctica.

Esto tiene que ver con especializar a los miembros de cada grupo, pero la empresa debe a la par trabajar en mecanismos para que el conocimiento fluya y no dependa de una sola persona. En nuestro caso, lo que vamos haciendo es implementando herramientas de software del estilo de *"knowledge base"* - base de conocimiento- donde cada uno de los integrantes que genera un hallazgo; que lo hemos definido como un conocimiento específico, lo ingresa.

La "K Base" es una web interna, de acceso generalizado, que dispara un mail a todo el personal cada vez que alguien ingresa un artículo. Por un lado, quedan registrados pasos y conocimientos, y por otro, se motiva a que todos sean partícipes del conocimiento.

Como bien define Herzberg, ninguna acción motivadora compensa una acción desmotivadora, pero, en mi experiencia, realmente se van notando las acciones llevadas a cabo trabajando en los seis puntos del ambiente laboral.

3.6 Perezosos vs. no perezosos

Es una de las teorías más difundidas en forma natural. Sostiene que por la "X" los trabajadores son perezosos por naturaleza y deben ser motivados a través de castigo, y que evitan cada vez que es posible las responsabilidades. La "Y" en cambio supone que el esfuerzo es natural y el compromiso con los objetivos supone una recompensa. La X y la Y, como se observa, son contrapuestas.

Para el economista Douglas McGregor [9] un líder ve a los miembros de su equipo como X o como Y. La consecuencia directa de tener una visión segmentada y contrapuesta como ésta, es que el líder se comportará en función de lo que cree estar viendo, una X o una Y.

Lo más "perverso" de esta teoría es la posibilidad de un efecto "pigmalión", esto sostiene que la influencia de la creencia que tiene una persona acerca de otra resulta en una influencia sobre el rendimiento de esta última. Esto es que, si creo que son perezosos y se acciona en consecuencia, seguramente resulten perezosos.

A mí entender, por un lado es una visión bastante antigua y simplista. Veo la complejidad humana mucho más entreverada que esta división, pero por otro, en las distintas consultorías que he realizado es la visión que más me he encontrado. En la misma empresa, de la teoría anterior, el líder jóven del directorio razonaba de la siguiente forma: paguemos una comisión más alta para que vendan más

---

[9] McGregor, D. "El lado humano de las organizaciones", 1960

(visión Y). Esto se llevó a cabo y no cambió absolutamente nada excepto que la empresa perdió rentabilidad .

¿Por qué no cambió nada? Simplemente porque no es suficiente. Porque esta división de dos partes genera grupos muy grandes de cada lado y las razones que nos motivan o desmotivan están entrecruzadas.

Seguramente pagar de más una comisión junto con tener mejores productos, facilitar un auto de la compañía sin costo, que la carga de trabajo en la oficina sea menor - menor esfuerzo - y alinear objetivos generarían un cambio en los resultados, pero no genera cambios una medida sola y aislada basados en que pertenecen a un grupo u otro (perezosos o no perezosos). Incluso también lo anterior puede no ser suficiente ya que es un comentario genérico y los factores motivadores dependen, como venimos repitiendo, de cada individuo.

3.7 Teoría de la fijación de metas, según Locke

La primera revelación del profesor Edwin A. Locke [10] - un psicólogo estadounidense y un pionero en la teoría de la fijación de objetivos - fue que lo importante era poder fijar metas específicas y medibles. Con esta teoría demostró que frases como "aumentar las ventas un 15%" o "venderle al cliente 100 el producto J" resultan más efectivas que frases

---

[10] Locke E. "Teoría de la fijación de Metas", 1968

genéricas como "tenemos que crecer" o "hay que vender el producto J".

Las metas deben ser también difíciles pero alcanzables.

Siguiendo dentro de la misma compañía en la que experimenté cada una de estas teorías, contratamos una consultora externa para que, entre otras cosas, nos ayudará a fijar metas en el área comercial. Costó un par de meses de trabajo pero se lograron definir metas claras, reglas de juego simples de entender y premios jugosos.

A modo de ejemplo, la meta era del siguiente estilo.

Para un período anual de evaluación:

• Llegar a vender individualmente, U$S 10.000, ponderación 70%
• Llegar a vender toda la unidad, U$S 100.000, ponderación 20%
• Alcanzar las metas de gestión de prospección (250 llamados y 50 entrevistas), ponderación 10%.

Premio: si se alcanza el 100%, un mes entero extra de sueldo, si se supera un 10% adicional otro sueldo extra y si supera un 20%, otro adicional.

La ponderación es el peso de alcanzar la meta en relación al 100% que se busca, en este caso se incentivaba las metas personales y las colectivas, y de no llegar, de todas formas, se incorporan las de gestión que es, en definitiva, el esfuerzo realizado.

El resultado no fue el esperado. Las metas en sí mismas no generaron ningún crecimiento individual ni colectivo a pesar de que en cada reunión de ventas se las repasaban y se le hacía seguimiento. ¿Esto significa que esta teoría no funciona? Definitivamente no significa eso.

Lo que significa es que no es suficiente y que nuevamente tiene que ver con el grupo y el contexto en el que estamos.

Para el caso del ejemplo, la organización tenía otros temas para resolver antes que fijar una meta, el vendedor no se sentía cómodo con la organización y la meta no fue suficiente. Aún estando la organización preparada, la meta puede no ser el mecanismo adecuado. Mi discrepancia con esta postura llevado a la práctica no es el concepto de meta en sí mismo - creo que poner metas es un gran motivador - sino que no es una generalidad que se pueda aplicar y genere un cambio absoluto.

Para muchas personas, tener una meta es fundamental y no tenerla es desmotivante, y para otras, simplemente es un concepto que no los motiva.

En resumen, cada teoría tiene un enfoque distinto aunque tienen elementos en común. Ninguna se puede ignorar totalmente y ninguna en su totalidad resulta exitosa. Es razonable que suceda esto porque el universo a motivar es toda la humanidad, sería muy difícil encontrar una fórmula que motive a todos en forma general y por igual.

3.8 El poder de la empatía

También hemos visto que técnicas se pueden llevar a la práctica fácilmente, si bien no garantizan nada, no hay duda que ayudan. Lo que me ha resultado mejor sin excepción ha sido utilizar el recurso más caro y finito que poseo: el tiempo.

Las personas valoran el tiempo que uno les dedica, valoran el sentarse en conjunto a pensar cómo resolver un problema laboral o personal, valoran ser acompañados.

La empatía es la herramienta más poderosa que tenemos como líderes.

He decidido acompañar en distintos equipos, a personas que estaban con un problema financiero importante y darle forma, en conjunto, para transitarlo, compartir un logro personal y hacerlo colectivo, escuchar un desencuentro amoroso, armar un plan de formación personal que trascendía a la empresa, compartir cenas, compartir deporte, etc.

Y lo que he recibido a cambio ha sido siempre **maravilloso**. No solo el rendimiento mejoró, y se sentían motivados, sino que aún hoy estando distintos integrantes en distintas empresas continúan existiendo llamados o whatsapp siempre agradecidos.

El compromiso del líder con su equipo debe ser al 100%, no existe un compromiso intermedio, porque no funciona, es todo o nada y no puede detenerse hasta que su equipo llegue y logre sus metas. Únicamente se detendrá para tomar otro lugar y volver a empezar en el mismo equipo o en otro.

3.9 La metodología "Agile"

En tiempos recientes, en forma complementaria a otras metodología que utilizamos en la empresa de tecnología hemos comenzado a trabajar con la metodología "Agile" que fue diseñada, más que nada, para empresas de desarrollo, pero se puede aplicar a lo que sea.

El "Agile" es una serie de enumerados que se originaron cuando las grandes compañías de software vieron que tenían determinados elementos en común que les permitía trabajar mejor. Vinculado a la motivación incorpora la rutina de que en forma periódica se junte el grupo y se realice al menos la siguiente pregunta: ¿cómo podemos ser más efectivos? (siempre en el contexto de que el cliente reciba lo mejor).

Esto, que parece tan simple, genera una oportunidad de mejora constante donde el equipo es escuchado, el líder motiva y logra que cada integrante proponga; y de paso, se aprovecha para revisar el funcionamiento del área. Para ser más efectivos, debemos ser más rápidos, para ser más rápidos debemos tener productividad, para ser más productivos debemos sentirnos bien, etc. En las reuniones que participo ha surgido de todo.

Desde abandonar una línea de investigación porque nos estábamos hundiendo en un agujero negro, tomar capacitaciones específicas vía internet en temas que nos costaban mucho tiempo, tercerizar tareas en la que no éramos buenos hasta pintar las paredes por que el lugar no estaba óptimo.

Es una sola pregunta: ¿cómo podemos ser más efectivos? Y la respuesta que genera esta simple pregunta es brutal.

Pero de cariños y acompañamiento no vive nadie, y mucho menos, se pueden pagar sus cuentas, por lo que aquí, surge la siguiente pregunta:

¿Es la retribución (sueldo) una recompensa que motive?

Existen dos tipos de recompensas: las extrínsecas y las intrínsecas.

- Las extrínsecas son el sueldo, los bonos, los beneficios extras.
- Las intrínsecas son las vinculadas a la responsabilidad, a la relevancia, a la influencia, al crecimiento personal y al sentirse parte de algo más importante.

Esto significa que las recompensas son parte esencial para conservar a cada miembro del equipo, pero la retribución es solo una parte de las recompensas posibles, y por lo tanto,

57

un aspecto que por sí solo no resulta motivador para el individuo en su totalidad.

El problema que se da es que se tiene arraigado el concepto de esfuerzo equiparado a la retribución.

3.10 ¿El sueldo por sí solo es un motivador?

Hace unas semanas, en una reunión de directorio, un jefe de área planteaba que uno de los miembros de su equipo estaba desbordado de trabajo, pero que había hablado con él y si tenía un aumento de sueldo estaba dispuesto a realizarlo en tiempo y forma. Parecía una salida óptima al desborde de trabajo existente porque la persona ya conocía lo que debía hacer y de esa forma se evitaban contratar a alguien desconocido.

La pregunta sobre esto es: ¿luego que haya pasado un tiempo, y se esté de nuevo en la misma situación, el funcionario recordará y le resultará suficiente el aumento anterior?. La respuesta, sin excepción es NO, no lo recordará.

Esto se debe a que no manejamos tres formas de medir. Sabemos en forma intuitiva que esta cantidad de trabajo corresponde a lo que me pagan. Por lo que cada vez que varíe el trabajo, sentiré siempre, y sin excepción, que estoy mal pago e incluso existe un tema temporal, lo que siento hoy que es una relación justa, en la medida que pase el tiempo como lo hago con práctica y en forma eficiente, no será suficiente.

Esto no significa que no se deban dar aumentos de sueldo, hay crecimientos que deben ser reconocidos. Esto está vinculado a si es un factor de motivación o no, y la respuesta es que motiva muy poco y no es suficiente. La consulta que surge naturalmente es: ¿por qué el miembro del equipo lo veía totalmente opuesto y si creía que esto sería algo motivador? Es un tema social. Socialmente no es suficiente con sentirse feliz con lo que se hace, se precisa cuantificar, y la forma en que cuantificamos, rápidamente entre pares, es con lo que gana cada uno por realizar su tarea.

Existe otro problema vinculado a la remuneración que es una contradicción en sí misma.

Pensando que estamos motivando a alguien que gana muy bien pero que no se lo ve feliz promovemos un aumento de sueldo para retenerlo, lo único que habremos logrado es que como se le paga muy bien no se vaya y de esa forma su infelicidad será mayor porque solo estará allí por un salario que no puede lograr en otro lado, y esto sucede más seguido de lo que parece.

Un sueldo insuficiente frustra, un salario alto no es igual a que el trabajo resulte feliz. Esto es que las recompensas extrínsecas cuando generan insatisfacción generan un reclamo de recompensas intrínsecas. Parece un trabalenguas, pero se aplica la mayoría de las veces.

Volviendo a Herzberg, plantea la existencia de algunos **mitos inútiles** en relación a la motivación que resultan interesantes y cuestionables:

- Reducción de la jornada
- Aumento de salarios
- Prestaciones extrasalariales, menciona específicamente sobre esto "insaciabilidad"
- Programas de relaciones humanas, menciona que son caros y son fracasos
- Educación de la sensibilidad
- Comunicaciones vinculadas a que el trabajador entienda lo que la dirección hace por ellos
- Proporcionar una sensación de autorrealización. Comenta Herzberg: "sigue sin haber una motivación suficiente"

Seguimos dando vueltas sobre la motivación y los distintos enfoques, mi opinión en relación a la remuneración es que hay que pagar lo que el mercado paga y en algunos casos si la persona se destaca, un plus también es válido, siempre teniendo en cuenta lo que nuestra organización puede pagar.

También hay que tener en cuenta que pagar menos que el mercado implica no resolver los problemas esenciales y motivar la rotación.

Resuelto eso, la motivación y el desarrollo de cada individuo requiere que el líder le dedique tiempo y la conjunción de ambos esfuerzos será en sí mismo una política de retención eficaz.

4. Coaching

Cuando empecé a realizar coaching [11]no me di cuenta que lo estaba realizando. Fue un tiempo después que decidí formarme al respecto y ordenar las ideas para poder brindar un trabajo profesional en el cual me comencé a sentir muy cómodo y reconfortado. Hoy, que han pasado varios años, creo que se debe a que el coaching me permitió humanizarme, volver a convertir a las personas en el centro, como informático con tendencia *nerd* esto se sintió muy bien, muy cálido.

Ser coach es ser un acompañante en el proceso de otro, es algo muy personal y reservado, es ser un facilitador.

Cada instancia requiere lograr armar un ambiente cálido y de confianza donde el participante - coachee - no se sienta juzgado. Naturalmente como humanos en muchas y diversas situaciones buscamos acompañamiento para encontrar respuestas y fuerza que en general tenemos dentro pero no logramos gestionar adecuadamente. El término coach es un término moderno, antiguamente o

---

[11] El coaching procede del verbo inglés "to coach" (entrenar) y es un método que consiste en acompañar, instruir o entrenar a una persona o a un grupo de ellas, con el objetivo de conseguir cumplir metas o desarrollar habilidades específicas. Si bien el término coach tiene una procedencia directa del ámbito deportivo, es en el entorno empresarial y personal desde donde se conoce por coaching al proceso dialógico mediante el cual el coach o entrenador genera las condiciones para que la persona o grupo implicados en dicho proceso busquen el camino para alcanzar los objetivos fijados usando sus propios recursos y habilidades fuertemente apoyados en la motivación, la responsabilidad y la creatividad. Fuente: wikipedia.

incluso actualmente este rol lo ocupó un sacerdote, un gurú, un mentor, etc.

4.1 Coaching no es lo mismo que mentoring

Una diferencia que me costó incorporar, porque inicialmente lo hacía todo mezclado, el mentoring y el coaching. Cuando uno realiza mentoring, es decir es un mentor, está transmitiendo experiencia y señalando el camino que entiende adecuado a otro, en cambio en el coaching el otro es quien fija la meta de dónde quiere llegar y establece su propio camino.

En una reunión de directorio dónde acudo como consultor, lo que están buscando en realidad es un mentoring, es decir, colaborar en base a formación o vivencias pasadas para que logren el mejor camino o al menos no tomar el malo.

En el coaching en cambio la experiencia del coach es poco importante, no vamos a resolver si abrir una sucursal o no en determinada localidad y para eso requerimos conocer el mercado y las estrategias de expansión, lo único que importa es la meta que tiene el otro y ayudarlo a descubrir el potencial oculto que todos tenemos dentro. El trabajo consta de estimular el enfrentar temores y miedos realizando un acompañamiento en ese camino.

Otro aspecto distinto es que cuando realizamos coaching solo nos concentramos en el ahora y el futuro, el pasado no es relevante, esto se debe a que puede condicionar una postura y frenarnos con el "yo no puedo" en lugar de trabajar en descubrir cómo, es decir, el camino.

4.2 Tres etapas dentro del coaching

En forma lineal hablamos de un proceso que se divide en tres etapas, la primera es donde estamos ahora, la segunda es determinar la meta y la tercera como vamos a llegar a esa meta. Se debe incorporar, como coach, que en este proceso NO existe el fracaso porque el camino resulta en sí mismo un aprendizaje. Comprender este concepto, habla de un crecimiento fantástico.

En *management*, en diálogo con gerentes o directores es muy común que utilice el término "hay que hacerse cargo" y en el coaching esta frase es la clave. El coaching nos hace tomar conciencia de lo que hacemos y lo que no hacemos para llegar a nuestra meta, y eso implica hacerse cargo de nuestras acciones.

4.3 Un ejemplo de la vida real

En una ocasión uno de los coaching más importantes en el que pude participar fue en el contexto de una empresa familiar, padre y su único hijo. En la empresa, el padre tomaba todas las decisiones y el hijo, a duras penas, cumplía un horario en un rol, sin determinar claramente cual. Esto fue así durante más de una década. Los números de la empresa entraron a complicarse, los márgenes se apretaban y la empresa estaba envejecida. Hacía falta más fuerza desde la dirección para llevar adelante una serie de cambios requeridos y complejos. Pero el padre estaba solo en la toma de decisiones y los años no le habían quitado capacidad pero sí fuerza para atravesar esta etapa. El planteo vino de ambas partes por separado.

Por un lado, el padre preocupado y angustiado por la situación en más de una oportunidad me planteó la dificultad que tenía con este tema, como suele pasar, a pesar de que la relación entre ellos era muy buena estos diálogos de empresa se tornaban personales, de recriminación y no lograban construir en conjunto, en gran parte porque padre e hijo desconfiaban en que el hijo estuviera a la altura para lograr el cambio que se requería.

Por el otro lado, el hijo había comenzado una nueva etapa familiar y precisaba dinero y tenía muy claro que para tener más dinero tenía que ser más útil a la organización, pero realmente no sabía cómo.

El primer paso fue juntarlos a ambos y lograr hablar sin filtro alguno. Cuando un tercero se suma con buena intención fluyen argumentos objetivos que no son tomados como ofensivos, el requerimiento es siempre que ambos confíen en el tercer integrante.

En esta reunión que fue intensa por su contenido, uno se comprometió a reconocer el trabajo del otro y quien debía asumir nuevas responsabilidades se comprometió a cumplir un horario, comprometerse con las tareas y trabajar a la par.

Hasta ahí, fui un facilitador.

En los siguientes meses el trabajo de coaching fue fundamental. Uno puede tener las ganas, puede tener certeza de dónde quiere llegar - meta - pero esto no significa que sepa cómo. Algo que nos pasa a todos, es que si la meta es grande y no logramos despejar los obstáculos lo que va a ocurrir inmediatamente es frustración y allí estaremos peor que antes de comenzar por lo que el apoyo es fundamental. Esta meta era grande, implicaba dirigir una empresa entera.

Fuimos organizando reuniones semanales en más de una ocasión, incluso dos veces por semana, donde conversábamos - en el coaching se conversa todo el tiempo - distintos temas. Una frase que no me voy a olvidar nunca es lo que el hijo me decía como su meta más importante: "yo no tengo la dignidad moral de opinar sobre nada, lo que quiero es sentirme útil y ser parte del funcionamiento de la compañía". Woooow. ¿Y cómo lo iba a lograr?

Lo primero fue generarse una rutina de cumplimineto, que para él fue llegar primero que todos los demás y dar el ejemplo, esto le dio una sensación inmediata de que comenzaba el camino de ganarse el respeto de sus pares.

Rápidamente comenzó a involucrarse en todos los temas de la empresa, conocer los procesos y los actores internos. En esta etapa el coaching fue importante, vencer la visión que los demás tienen de uno muchas veces quita fuerza, esto se debe a que uno está convencido del cambio interno pero los demás demoran en ver que esto sucede o desconfían que se logrará. Los temas de autoestima y el lugar en la organización debieron ser repasados y apoyados durante varias semanas.

Luego vino un proceso de renovación interna, de rejuvenecimiento de la organización, esto implicó desvincular a parte del personal de la mejor forma posible, ya que mucha gente había cumplido una etapa importante, y dar lugar a nuevos integrantes o directamente tomar algún rol en forma directa.

Esta etapa fue dura, dura de realizar y dura de apoyar como coach.

La etapa siguiente fue la de ir ganando lugar sin generar diferencias con su padre pero al mismo tiempo realmente ir ganando lugar, esto tampoco fue fácil.

En ese momento se enfermó - el hijo - y se ausentó durante un par de meses. La presión del cambio lo había hecho implosionar, esa fue y es mi lectura.

En ese periodo no tuve contacto con él y nunca le pregunté qué pasó realmente, entiendo que no quiso ahondar en detalles y como coach no los precisé, no por falta de interés, sino que ya eran pasado y debíamos concentrarnos en el futuro. Cuando volvió, volvió con mucha fuerza como si ese descanso obligado le hubiera permitido recargar sus energías. En esa ausencia, el padre si bien estaba preocupado no perdió la fé en él, ya habían pasado algunos meses de esta nueva etapa y se había ilusionado al ver los cambios en su hijo.

La prioridad ahora que regresó era comenzar a tomar decisiones y tener un rol fijo, ser dueño de alguna tarea específica. Se auto - asignó un par de roles dentro de la organización, tareas de supervisión que no tenían responsable y comenzó a hacerlo muy bien.

Como habían pasado meses comenzamos una etapa más relajada de nuestro encuentros, ya no eran formales o preprogramados sino que nos veíamos y conversábamos o recibía una llamada para intercambiar algún tema específico.

En la actualidad estas llamadas siguen ocurriendo en forma muy esporádica, él no volvió a enfermarse y solo ha ido hacia arriba, cada vez tiene más responsabilidades, está sumamente ocupado y su padre le cedió la mayoría de las decisiones. ¡La meta fue cumplida!

4. 4 El coaching no es una terapia

Si bien el coaching está clasificado en coaching personal y coaching de vida, en este libro nos concentramos únicamente en el coaching aplicado al ámbito empresarial. Dentro de los objetivos está: generar valor, manejar mejor el tiempo, gestionar cambios, aumentar el liderazgo, etc. Una mezcla de todos estos es el coaching de equipos, para el cual, el objetivo es aumentar el rendimiento grupal.

¿Es el coaching una terapia? No, no lo es. La terapia busca curar un enfermo que padece alguna patología, en cambio el coaching trabaja con personas sanas. Para realizar terapia se requiere un experto, en cambio en el coaching es el coachee (entrenado) quien lidera.

Aquí un cuadro que resume las diferencias entre las distintas modalidades en que colaboramos con otros:

Consultoría	Coaching	Mentoring
El consultor aplica modelos exitosos en otros emprendimientos similares ocupando un rol que, o bien no existe, o no se realiza de la mejor forma.	Su rol es potenciar y sacar a luz las capacidades existentes de la propia persona (coachee) para que pueda lograr sus objetivos.	El mentor brinda su consejo en base a su propia experiencia ya sea por que está formado para ello o por lo que ha vivido. También llamado "consejero"

Uno de los hallazgos más importantes en este proceso de convertirme en coach fue tomar conciencia sobre la importancia de la forma en que hacemos las preguntas, esto hace la diferencia todo el tiempo. No es lo mismo preguntar qué hacemos mal a qué cosas hacemos bien para repetirlas y mejorarlas. Un libro que me resultó fantástico sobre este tema fue " Indagación Apreciativa".

4.5 ¿Cómo se desarrolla una sesión de coaching?

Iré comentando el proceso basado en el modelo GROW (crecer) de John Whitmore [12] que es actualmente el más difundido y práctico a la vez. Lo siguiente es una estructura base, no una estructura que no pueda modificarse o ajustarse, es simplemente una guía para saber por donde arrancar y cómo moverse. En la medida que el coaching se trata de la interacción de dos individuos la diversidad es infinita.

El modelo GROW tiene 4 etapas:

1. Goal

2. Reality

3. Options

4. What/When/Who

Etapa 1: Goal - Objetivo

El coachee puede identificar varias metas que son personales y no deben ser juzgadas, un coaching sin excepción precisa dejar claro cuál será la o las metas que se

---

[12] Whitmore, J. "Coaching for Performance", 1992

deben alcanzar. Pero una meta no es cualquier cosa ni puede ser algo que se perciba como ambigua o inalcanzable. En general una meta debe cumplir con:

- Ser específica
- Poder medirse
- Ser realista
- Debe estar marcada por etapas
- Ser positiva
- Ser desafiante
- Ser ética

Un ejemplo simple de cómo el coach ayuda a determinar estas metas es realizando preguntas, siempre realizamos preguntas y la forma de las mismas determina el poder real de la sesión de coaching.

¿Cuál es la meta que deseas alcanzar? ¿ Cuál es tu objetivo en este proceso?

- Quiero dejar de ignorar algunos temas sobre inteligencia artificial.

¿Y una manera más feliz y positiva como se representaría eso mismo?

- Quiero llegar a ser un experto en algún área específica de inteligencia artificial.

¿Y cuándo te gustaría que eso pase?

- Rápidamente

¿ Puedes lograrlo en este momento ?

- No, voy a precisar algunos meses

¿De cuántos meses hablamos?

- Estimó casi un año de estudio y distintas formaciones

Perfecto, ahora tenemos una meta:

"Quiere ser un experto en Inteligencia Artificial y esto deberá suceder en un máximo de un año"

Las líneas anteriores son solo un ejemplo de un diálogo ficticio, las forma propiamente y las palabras depende de cada binomio coach/coachee.

Etapa 2: Reality - Realidad

Aquí es donde debemos mediante preguntas - siempre preguntas - entender dónde estamos ahora en relación a la meta. Esto implica una visión muy realista del "hoy" porque sólo si logramos conocernos y ser francos en relación a cuál es nuestra situación actual se podrá fijar el camino adecuado para llegar al objetivo.

Dentro de las preguntas que guían esta etapa resalto la de:

"¿Qué estás dispuesto a sacrificar para lograr tu objetivo?

En mi experiencia, si hablamos de metas y el coachee esta buscando ayuda con un coach es por que ese objetivo es sumamente importante y no solo es importante sino que en el pasado seguramente le ha costado desde plantearse el objetivo hasta sentir que puede lograrlo. Por este motivo, incorporar el concepto de sacrificio para lograr la meta va allanando el camino incorporando la idea de que algo va a costar lograrlo, que no va a ser fácil pero se puede.

Etapa 3: Options - Opciones

Si tenemos una meta definida y sabemos donde estamos parados (realidad) es momento de comenzar a analizar cuales son las opciones, los caminos para poder cumplirla. Es un proceso de indagación, no de determinación.

Es decir, no precisamos resolver exactamente cómo se va a hacer sino cuáles son las opciones. Esto es sumamente importante para que la meta se haga más real y alcanzable.

Algunas preguntas vinculadas podrían ser:

1. ¿Qué tiempo tienes para lograrlo?
2. ¿Que cursos debes tomar para avanzar?
3. ¿Qué dificultad piensas que va a surgir?

El objetivo es fomentar el lado creativo y no tanto el racional.

Racionalmente tenemos muy claro por qué no podemos lograr algo y esto mismo nos frena. Si el encuentro se atasca y solo surgen respuestas que impiden encontrar caminos, una forma de destrabarlo en la práctica es la misma conclusión negativa plantearla en forma positiva.

Una de las respuestas más habituales negativas es: "no tengo tiempo"; y una forma de cambiar este enfoque es que el coach pregunte "¿y si tuvieras tiempo?" Esto tan simple, cambia el enfoque y ahora se trabajará en cómo conseguir ese tiempo y ya no será un obstáculo.

En distintos ámbitos, con distintos grupos lo que he visto es que estas etapas, sobre todo, la de fijar la meta y ver las opciones se entremezclan. Es lo más común que no podamos fijar una meta porque nos trancamos antes en los caminos posibles y la consecuencia es muy nefasta, simplemente dejamos de soñar y posiblemente nunca hagamos nada distinto.

En los primeros encuentros, en unas reuniones de coordinación, con gerentes de distintas áreas para una compañía importante, con un grupo de gente fenomenal, aparecían las ideas nuevas, pero eran siempre interrumpidas por la conclusión de que no había fondos económicos para desarrollarlas. Pero se frustraron en el comienzo, es decir, no llegaban a ser siquiera ideas en las que se pudiera trabajar.

Esto era mortal para la organización porque no lograba hacer cosas distintas, hacía veinte años que vendía los mismos productos de la misma forma. En este transcurso y teniendo presente esta metodología GROW introduje en la reunión una pequeña picardía de la siguiente forma: "He hablado con el directorio y si la idea es buena, están dispuestos a conseguir en el banco los fondos para realizarla". Esto no era del todo cierto, si bien el directorio estaba al tanto del contenido de cada encuentro no me habían transmitido la certeza de que podían conseguir el dinero.

Lo que sucedió en las siguientes reuniones es que solo nos concentramos en las ideas y en cómo de forma profesional darle forma (los caminos) lo que no resultó tan fácil de lograr y permitió decantar las ideas que eran buenas de las que no lo eran tanto.

Etapa 4: What / When / Who (Qué / Cuándo / Cómo)

La última etapa es la que define realmente el plan de acción. Aquí es donde se establece el camino real a tomar y ya no una mera alternativa. Aquí se juega la carta.

Para ayudar en que el coachee realmente elija un camino, que este sea viable y que cuente con la fuerza interna para transitarlo es de suma importancia analizar en conjunto como se va a sentir luego de alcanzar la meta. Proyectarse en el día después nos motiva a avanzar.

A partir de este momento, el coach acompañará este camino, seguramente disminuya la frecuencia con las que se reunía pero estará siempre "ahí" disponible para que se logre la meta.

Para lograr los pasos anteriores, el coach debe contar con algunas habilidades y definiciones a tener de forma muy presente.

a) Debe ser objetivo, no debe interpretar

b) Ser confidente, lo hablado antes, durante y en forma posterior queda entre ellos. Motivo por el cual, en ningún caso menciono nombre de empresas o personas y soy vago intencionalmente en edades o sexo.

c) Entender el ritmo del cliente. Hay clientes que llegan a conclusiones más rápido y otros que requieren de tiempo para poder avanzar. El ritmo lo fija el otro, en ningún caso el coach.

d) Ser imparcial. Un coach puede dar un consejo, solo si al ofrecerlo el cliente lo acepta, en el resto de los casos, lo que se escucha es incorporado como válido.

Me ha ocurrido que las preguntas pueden generar distancia con el cliente, básicamente porque muchas apuntan a salir de la zona de confort. En mi experiencia, cuando se está en esta situación se debe evidenciar, es decir, se debe explicar en voz alta el por qué de la pregunta y el objetivo que se persigue.

Cómo líder y coach he llevado acabo varias de estas prácticas cuyo objetivo es el crecimiento personal y en un ambiente laboral el crecimiento del grupo.

Durante bastantes años, el área comercial de la empresa me consultaba absolutamente todo, indudablemente era un defecto mío que no había creado los mecanismos para que no ocurriera.

El primer paso fue estandarizar o crear reglas para que mi participación fuera la menor posible, esto fue bastante sencillo. Una vez que localicé el problema en mi interior que no me permitía "largar" esta forma de control inconsciente.

El siguiente paso requería poner en práctica el poder de las preguntas.

Habían situaciones en las que tenía certeza en que el otro tenía la respuesta pero me las seguían realizando. Para evitar esto, durante un tiempo considerable en cada reunión de coordinación empecé a "quejarme" de que si me traían algo que entendían debíamos cambiar, trajeran una idea asociada, si traían una idea, trajeran ya las formas que se les ocurría de cómo podíamos llevarlas a cabo. Cuando esto no se cumplía, simplemente cambiaba de tema e ignoraba el planteo.

Esto generó un *empowerment* (empoderamiento) que permitió que crecieran y que sus metas/ideas, caminos y plazos resultaran alcanzables.

Dió autonomía y quitó frustración. Al día de hoy, sigo recibiendo consultas, menor a un 10% de las que recibía y son las que realmente me corresponden por el rol en la organización, la trayectoria o la experiencia.

En relación al poder de las preguntas, es tal vez el arte más poderoso y complejo del coaching así como del cambio organizacional.

Si preguntamos:

- ¿Cuál es el mejor camino para salir de esta situación actual ?

Esto permite presumir que existe más de un camino a tomar y lo más importante, que existe una solución.

En cambio, si la forma fuera:

- ¿Qué tan complicado es el tema? Partimos de que entendemos que la situación es compleja.

Todos, habitualmente incorporamos supuestos que hacen que nuestras preguntas sean de una forma u otra lo que no somos conscientes es que las respuestas también lo serán. Si como líderes estamos negativos, la visión de nuestro equipo será negativa.

En cambio si miramos para adelante y estamos convencidos que saldremos, sólo existirá una visión grupal de que esto es posible.

En la empresa de tecnología habitualmente, bromean con: "El día que veamos a Diego nervioso, temblemos". Es justamente lo que estamos hablando, me he esforzado para transmitir en forma diaria optimismo y certeza de que podemos salir de casi cualquier situación.

El poder de las preguntas es indiscutible, lo podemos probar tanto en nuestra vida laboral como personal, realmente cambia el entorno; pero no es mágico.

Los libros de *management* suelen, a mi modo de ver, exagerar algunos resultados y la idea de estas líneas es justamente compartir la experiencia de llevar a cabo varias de las tendencias actuales, y otras propias, junto con sus resultados.

Una organización que aprende a hacer preguntas internas en forma positiva tendrá con certeza un ambiente de trabajo inspirador que fomente la creatividad para atravesar las dificultades que plantea el trabajo, el negocio y la estrategia requerida.

Una organización donde reine una forma de pregunta negativa, tendrá un grupo deprimido y poco creativo. Como venimos viendo, los factores que motivan son muchos y todos entremezclados, esto es un granito más para generar un ambiente donde el líder favorezca, mediante su actuar, el desarrollo de cada individuo.

Hasta ahora hemos repasado el método GROW y un buen complemento del Coaching es tomar conocimiento del PNL - Programación Neurolinguistica.

4.6 ¿Qué es la PNL y para qué sirve?

La programación neurolingüística (PNL), según los autores Bandler & Grindler [13] establece una conexión entre los procesos neurológicos, el lenguaje y los patrones de comportamiento aprendidos a través de la experiencia. Es una postura muy adoptada por algunos y muy criticada por otros ya que el aspecto neuronal no tiene prueba científica asociada hasta el momento.

El aspecto que me motiva a incluirlo, es la división que realiza la PNL que sí he podido corroborar se da en la realidad.

La PNL establece 3 grandes canales: visual, auditivo y kinestésico, lo que establece que, aunque las personas usamos "todo" lo que tenemos a nuestro alcance para representar algo, uno de estos tres canales resulta dominante sobre el resto.

Predominancia visual

Son personas que entienden el mundo, como lo ven. Son en general personas muy estéticas que le dan gran importancia

---

[13] Bandler R. & Grinder J. "The Structure of Magic I: A Book about language and therapy", 1975.

a la imagen. Suelen hablar más alto y rápido que el resto. Tips para detectarlo: palabras utilizadas "lo ves", "te lo voy a dibujar", postura rígida, gesticulan mucho con las manos, postura frontal. Aproximadamente ⅔ de la población son visuales.

Predominancia auditiva

Son personas que controlan el tono de voz y la velocidad y en general cuentan con gran habilidad para hablar en público. Evitan ambientes ruidosos, son buenos conversadores y a diferencia de los visuales les importa menos la moda. Tips para detectarlo: cabeza inclinada, no precisa estar de frente al interlocutor, distendido. Aproximadamente 1/3 de la población es auditiva.

Predominancia kinestésica

Son personas muy sensitivas con sus emociones a flor de piel, lloran con facilidad y se deprimen o emocionan fácilmente. Son impulsivas, son de tomar contacto y tocar todo. Tips para detectarlo: gesticulan bastante, voz baja, grave, ritmo lento, mirada por debajo del centro. Un porcentaje ínfimo (menor al 5%) tiene este canal como predominante.

Esta división no implica el 100% de las acciones del otro, es común que una persona se mueva de un grupo a otro, lo único que establece es su aspecto predominante.

Para poder "detectar" como líder y/o coach a cuál de los tres grupos pertenece una personas deberemos prestar atención a las palabras que son utilizadas, a la gestualidad, postura y cómo se desenvuelve visualmente. En la medida que identifiquemos el canal predominante de nuestro coachee podremos sintonizar la forma en que debemos comunicarnos para que ésta sea mucho más efectiva.

El no tener en cuenta estos canales me llevo aproximadamente dos años de mal funcionamiento con una de las piezas clave del equipo de trabajo, sumamente importante por su rol en la organización y por sus aportes creativos.

Lo que sucedió fue que no logramos sintonizar. Nos respetamos y admiramos mutuamente y todo funcionaba bien hasta que caíamos en alguna discusión.

Eran discusiones como pocas veces he tenido, dónde la confianza nos permitía ir un poco más allá de lo que laboralmente era formal por lo que se tornaba hiriente. Al otro día, salíamos de la discusión y el mundo seguía girando. Esto me preocupó de sobremanera, no me había sucedido nunca.

Probé distintas prácticas, comencé a ser menos reactivo cuando me era posible, comencé a juntarme para reflexionar sobre una discusión que ya había pasado, incluso tenía anotado las frases que en esos momentos recibía y no encontraba acorde para luego poder conversarlas.

Pero nada de esto funcionó, lo que hacíamos era directamente intentar no discutir porque sabíamos que no podríamos resolverlo con facilidad. Si para mí fue difícil, para la otra persona con relación de dependencia tiene que haber sido espantoso.

El tema se empezó a resolver cuando entendí que mi comunicación no estaba siendo efectiva. Mi interlocutor era una persona identificable rápidamente con el canal visual pero en esencia era kinestésica. Por este motivo, las discusiones se tornaban personales, y todo estaba vinculado a cómo se sentía, a si se había ofendido o no, a si se sentía acompañado o no. Cuando lo entendí, cambié el lenguaje que utilizaba y comencé a sintonizar utilizando desde la empatía una visión similar a la que mi interlocutor esperaba. Seguramente la otra persona también debió realizar una calibración similar para conmigo. Ahí comenzamos a sintonizar y todo el potencial de la persona comenzó a desarrollarse. El error fue mío, yo era el líder y yo debía entender antes que debía sintonizar de otra forma, fue un proceso complejo pero con un resultado formidable.

Existen unos tips (consejos) visuales que vale la pena tener presente, tanto sea para que nos ayude a detectar qué canal es el predominante en la otra persona, así como concluir si están siendo 100% honestos o están comenzando a crear/inventar parte del relato.

- Estos tips están vinculados a donde dirige la mirada el interlocutor. Los términos izquierda y derecha son en relación a la persona que nos mira, es decir cuando decimos derecha es la derecha de la otra persona.

- Miradas hacia arriba: hacia la derecha, es un acceso visual **creado,** si esperamos honestidad del interlocutor en general esto significa que está "creando" su respuesta por lo que no será honesta. En cambio a la izquierda es un **recuerdo** visual, es decir algo que sucedió, está siendo honesto.
- Miradas horizontales: hacia la derecha es un acceso auditivo **creado**, en cambio a la izquierda es auditivo **recordado.**
- Por último, la mirada hacia abajo: a la derecha representan emociones y la izquierda señal de que está ocurriendo un diálogo **interno** y en general **profundo.**

El objetivo por el que he incluido este aspecto de la PNL es para que sea incorporado como una herramienta que favorece la empatía, el coaching es un proceso de acercamiento que requiere que el coachee confíe en nosotros y se sienta en un ámbito dónde puede expresarse y es escuchado, si no sintonizamos adecuadamente el lenguaje no podremos en ningún caso lograrlo.

Continuando con la PNL, a mí entender lo otro a incorporar es el concepto de "creencias".

Estas representan las motivaciones para desarrollar nuestros objetivos pero también representan las limitantes que no nos permitirán alcanzarlos. Una fuerte dosis de creencias limitantes aprendidas cuando somos niños se convertirían en falta de confianza y autoestima en la adultez. Citaría nuevamente el cuento de Bucay sobre el Elefante encadenado, pero ya lo hice (página 39).

Una creencia limitante cuando somos adultos es la de la capacidad de reinventarnos, es tal vez una de las más "mortales" ya que nos impide avanzar. Es complejo pensar en arrancar de nuevo, pero complejo no es impedimento para una vez cada tanto barajar esa posibilidad si queremos llegar lejos.

4.6.1 ¿Cuáles son las fuentes de estas creencias limitantes ?

Una fuente puede ser una persona que creías un referente, ya sea por admiración emocional o racional. Si una persona a quién admiras, tal vez, sin buscar, comenta que los ingenieros no se llevan bien con las artes, seguramente si sos ingeniero dejes de insistir en cualquier tema que de antemano te atraiga vinculado a las artes, porque has incorporado que una cosa no va con otra.

Otra fuente es la propia experiencia. "Quien se quema con leche, ve la vaca y llora". Solemos generalizar una mala experiencia y no contextualizarla. Cada experiencia tiene un "cuándo" y un "cómo" y casi nunca es una regla universal y general, mucho menos transferible o intemporal.

En el proceso de coaching, "rascar" y descubrir estas creencias limitadoras es parte del proceso de crecimiento del otro, es un proceso de liberación de prejuicios donde la meta es entender que el límite está en uno mismo, y no en lo que, de una forma u otra, hemos incorporado como limitante.

4.7 El autoconocimiento

Hasta aquí, repasamos el Coaching vinculado a otro u otros pero ha llegado el momento de conversar sobre el autoconocimiento. Si sólo aplicamos coaching a otros, y no lo hemos vivido, no lo haremos del todo bien porque partimos de la base que si no me he esforzado en desarrollarme, en el ejercicio de ponerme metas y encontrar los caminos, difícilmente pueda ayudar a los demás.

En forma similar al coaching para con otros, cuando se trata de uno mismo, existen fases, la primera es de conocerse, luego viene la fase de generar el cambio y la última es de "hacer", es decir accionar para llegar al cambio buscado.

Para la fase uno, de autoconocimiento existen algunas técnicas, una de ellas es la ventana de Johary la que recomiendo buscar en google donde abunda bibliografía sobre cómo realizarla al igual que videos explicativos. Lo interesante que plantea esta metodología, que es en lo que coincido, es que para conocernos 100% precisamos a los demás.

A diferencia de la historia de Zaratustra de Nietzsche [14] donde Z sube a una montaña al cumplir los treinta años y

---

[14] Nietzsche F. "Asi habló Zaratustra", 1883

luego de diez años baja como un ser superior e iluminado yo no creo, no he experimentado ni he visto a otros lograr un crecimiento donde no sean requeridos los demás. Por las dudas y atajando un aluvión de discrepancias, el comentario sobre Nietzche es exclusivamente en el contexto citado y no un comentario genérico sobre su obra.

El fundamento, que es el compartido con Johary es que existe una zona ciega, que no conocemos y que solo los demás pueden ayudarnos a conocer.

Durante bastante tiempo, estuve convencido que tenía un carácter fantástico, viví convencido de esa forma y actué convencido de eso. Hará unos diez años, con mi pareja que es también contadora, y contadora de mis empresas, en una charla mientras conversábamos en nuestra casa de otros temas, no recuerdo cómo salió la dificultad que implica atender clientes en el área de servicios, la paciencia que en muchos casos es requerida. A esa frase, seguro de mí mismo le dije: "claro, pasa que no todos tus clientes son como yo" haciendo alusión a que era un cliente fácil. Para mi sorpresa, la respuesta no demoró en llegar: "Sos el cliente más difícil que tengo". Pensé que era una broma, pero era cierto.

En los minutos siguientes me detalló por qué era así e incluso con ejemplos. En ese momento y por primera vez, entendí e incorporé que mi carácter super fantástico no era tal, simplemente era normal con altibajos e incluso por momentos complejo.

La segunda fase, es la fase de hacernos las preguntas que no son fáciles. Desde cuestionarnos si es la vida que queremos tener, en todos los sentidos, hasta cuestionarnos si estamos preparados para cambiar y que cambió es el que queremos. Aquí es donde vamos a analizar y determinar realmente el cambio que buscamos.

La última fase, es la de hacer, la de realizar el cambio que estamos buscando. En esta etapa es importante reconocer en nosotros mismos qué es lo que nos motiva y cuál es el incentivo que nos permitirá lograrlo.

Al igual que a mucha gente, he comenzado una dieta para bajar de peso en muchas oportunidades. Fracasé en varias y en el último intento creo haberlo logrado (al menos al momento de escribir estas líneas).

Haciendo un análisis de las veces que fracasé, creo que un factor determinante es que siempre sentí que tenía unos kilos de más pero me justificaba con que esos kilos no eran tantos. Esto me permitía comenzar el proceso con entusiasmo, pero a su vez no sentía nada negativo si lo abandonaba o retrocedía al tiempo. Tenía un motivo (pesar menos) pero no tenía un incentivo.

Fue este año, cuando entendí mi incentivo: quería verme estéticamente mejor. Si bien no soy una persona estética, sino más bien lo contrario me confesé a mí mismo que quería verme mejor, quería verme más delgado y eso fue el incentivo que me permitió terminar el proceso y lograr mi objetivo. Aquello que mucho tiempo pensé no me importaba, en realidad me importaba.

En resumen, el coaching es una herramienta muy importante, tanto internamente como con los equipos de trabajo cuando se está liderando.

El coaching no es mágico y no realiza un cambio si la persona que quiere cambiar, no se propone cambiar y está realmente dispuesta a realizarlo.

El coaching ayuda en un proceso que es siempre personal. Es una herramienta con la que un buen líder debe contar y aplicar si realmente su objetivo es desarrollar al máximo cada integrante de su equipo de trabajo.

5. Empowerment

Hasta este capítulo, hemos repasado cómo formar un líder, cómo ser líder, cómo realizar coaching a terceros y a uno mismo. Hemos visto la importancia de los equipos y cómo lograr un rendimiento mayor a la media a través de incentivos. Hemos también, deslizado el término *"empowerment"* vinculado a darle capacidad de decisión a determinado integrantes del equipo, en esto justamente es que nos detendremos en este capítulo.

El holandés - español, licenciado en Administración y Dirección de Empresas y Doctor en Humanidades, Victor Küppers se apoderó y comunico muy bien el siguiente concepto:

Valor = (Conocimiento + Habilidades) x Actitud

Esto significa que el valor de una persona está dado por lo que sabe hacer pero es multiplicado por su actitud. Esta actitud es percibida por un líder como un diamante en bruto, como un avión pidiendo pista para despegar.

5.1 ¿Qué significa tener actitud?

La actitud es el comportamiento que tenemos frente a una tarea que debemos realizar. Podemos realizar una tarea en forma correcta, o la podemos realizar en forma genial, podemos dar nuestro mínimo esfuerzo o podemos dejar todo en la cancha, podemos cumplir o podemos generar valor.

Si sólo contáramos con conocimiento y no tuviéramos una buena actitud, realizaríamos el trabajo correctamente pero es probable que no generemos valor.

Si por el contrario, tuviéramos actitud pero no tuviéramos conocimiento el resultado sería costoso e ineficiente.

Cuando un líder detecta ambos componentes, tiene la obligación de desarrollarlo porque esa persona, como comenté antes "está pidiendo pista"; quiere ir a más, quiere llegar más lejos.

En estos casos, lo que se debe hacer es empoderar (empowerment) a la persona. Empoderar en *management* no es el clásico concepto de dar poder, nombrarlo jefe o similar.

Empoderar en este contexto significa maximizar la utilización de las capacidades, destrezas, habilidades y competencias de la persona.

5.2 ¿Pero cómo se logra si no es dándole un cargo jerárquico?

La jerarquía es un rol, ser jefe o encargado o gerente es un puesto en la organización, es un tipo de poder, pero no un poder que por sí mismo permita desarrollo.

Para empoderar a alguien se debe:

- Analizar a la persona, donde están sus fortalezas, donde están sus gustos

- Analizar el contexto de la organización, si no conocemos qué sucede alrededor no podremos comprender en su totalidad el origen de lo que sucede en la actualidad

- Analizar los impedimentos que la persona enfrenta laboralmente para poder llegar más lejos o realizar más y mejores tareas. Por ejemplo, uno muy común es el acceso a la información fragmentada por áreas.

- Establecer objetivos en conjunto

- Brindar - cuando sea posible - poder de decisión autónomo

En términos prácticos, implica juntarse uno a uno con la persona y conversar, similar a una reunión de coaching pero el objetivo es amplio y no específico, el objetivo es que la persona brinde todo su potencial .

Recientemente un alto cargo de una compañía divisó en su equipo una persona con mucho valor, es decir mucho conocimiento y mucha actitud. Me lo comentó en una reunión de coordinación con el objetivo de tener otro punto de vista y coincidimos en que realmente era así. Estos hallazgos que parecen menores son sorprendentes y estimulan muchísimo, rápidamente se puede visualizar un mejor funcionamiento de la organización cuando comenzamos a ver que se cuenta con gente que puede y quiere dar más.

El siguiente paso fue que ambas personas se juntaran y que el líder conversara con su "hallazgo" que era parte de su equipo.

La charla es informal y distendida donde el líder comienza describiendo justamente lo que ve para confirmar si el otro se siente efectivamente así. Cuando esto se confirma continúan específicamente hablando de las tareas actuales, de los gustos sobre ellas, de los obstáculos y de las tareas deseadas.

El líder en esta instancia debe trabajar en liberar los impedimentos - piedras - que puedan surgir para que el otro logre desarrollarse al máximo, al mismo tiempo deben construir en conjunto nuevas tareas donde se deposita confianza (esto es en sí mismo, el empowerment, tareas donde se deposita confianza).

¿Qué tareas implican confianza? Básicamente cualquiera a la que le quitemos total o parcialmente supervisión.

Si una persona realiza un trabajo, por ejemplo realizar cotizaciones y todas las cotizaciones deben ser revisadas por su jefe, una forma de empoderar sería permitirle auto aprobarse las cotizaciones en forma parcial o total sin la necesidad de que su jefe las autorice.

Las ventajas del empowerment son:

- Mejor ambiente de trabajo

- Fomenta la creación de nuevos líderes

- Mejora la motivación

Por otro lado, un *empowerment* mal realizado, donde no se calibra adecuadamente expectativas de ambos lados, generará estrés y probablemente abuso de poder.

Capítulo 2
Herramientas

Hasta ahora hemos repasado distintas experiencias, teoría y resultados prácticos vinculados al liderazgo y también el coaching como herramienta de desarrollo interno y externo para los equipos de trabajo. A pesar de las herramientas mencionadas, he podido constatar que algunos líderes toman el trabajo y lo realizan de forma correcta y precisa, al tiempo que otros lo hacen de forma extraordinaria.

En este capítulo nos concentramos justamente en esto último: como realizarlo de forma extraordinaria.

Para esto existen algunos "tips" o factores a tener en cuenta así como herramientas que nos ayudan a ver cuándo es difícil encontrar una salida o simplemente cómo hacemos para hacer lo que debemos hacer de la mejor forma posible.

A estos "Tips" llegué mirando y aprendiendo de grandes líderes con los que tuve oportunidad de trabajar, practicando directamente lo que entendía hacía la diferencia y midiendo su impacto. Estos son:

• Tip 1: Leer y viajar	• Tip 7: Optimizar
• Tip 2: Rodearse de gente capaz que piense distinto	• Tip 8: Inteligencia Emocional
• Tip 3: Saber Priorizar	• Tip 9: Marketing de la derrota
• Tip 4: Equilibrio	• Tip 10: Visión sobre el Éxito
• Tip 5: Construir	
• Tip 6: Comunicación Efectiva	

Tip 1: Leer y viajar

"Se lo llama Leer. Es la forma en la que se instala un nuevo software en el cerebro humano", anónimo.

Cuando nos referíamos a la PNL utilizábamos el término "creencias limitantes" pero no es lo único que nos limita, también lo hace el entorno donde crecemos, nuestra geografía, nuestras costumbres.

Cuando tenemos acceso a poder viajar, aunque el motivo sea descansar, tenemos oportunidad de acceder a otras costumbres, a formas distintas de hacer o recibir lo que tenemos incorporado desde nuestra infancia y no cuestionamos. La lectura es una forma de viajar y conversar con gente que nos puede aportar ideas "quemacoco" sin movernos de nuestro entorno.

Una conclusión importante que he llegado y me propongo contagiar en estas líneas es que: un líder de acción y la lectura son una mezcla que no tienen límites.

Esto se debe a que aparte de su propia experiencia agrega ideas nuevas o valida anteriores y con esto toma impulso para llegar más lejos. Si lo analizamos de manera inversa, ¿puede alguien con mucha experiencia pero sin lectura llegar lejos? Sí, puede, pero solo hasta dónde su propia imaginación se lo permita.

No he visto líderes extraordinarios que no tengan esta postura. Los temas de los libros serán los temas de interés según la tarea que uno realice, no existe una regla para esto, no tienen porqué ser de gente exitosa o de los mejores autores, tienen que ser simplemente interesantes para cada uno.

Nos referimos a líder de acción como aquellos líderes que toman riesgos para obtener mejores resultados.

En lo personal, recomiendo al menos 30 minutos de lectura/podcast diarios.

Tip 2: Rodearse de gente capaz que piense distinto

"El éxito es un pésimo profesor, seduce a la gente inteligente y les hace pensar que no pueden perder", Bill Gates.

Nos resulta natural a la mayoría rodearnos de gente que piense similar, se siente mejor en primera instancia y es más fácil.

El problema es que esto no genera crecimiento a ninguna de las partes. Lo opuesto, que sería vivir en una constante guerra de discusiones tampoco suma. Por estas razones, es que debemos rodearnos de gente que, por un lado, los intercambios sean con fundamentos y, por otro, que no incorporen porque sí una idea, sino que se la cuestionan. De esta forma, creceremos todos los miembros de un equipo.

¿ Por qué deben ser capaces ? Porque si son capaces, no son críticos.

Aquí es donde, sin caer en detalles matemáticos, nos conviene repasar el uso social de la Teoría de Juegos (Nash / Harsany / Seten), puntualmente lo vinculado a la toma de decisiones y el llamado "dilema del prisionero". Utilizando esta teoría, tenemos un análisis más integral de la toma de decisiones ya que según propone, la decisión de uno depende en gran parte de la decisión de otros.

Imaginemos en que en una comisaría, se interroga a dos sospechosos de un robo, ellos están en cuartos separados sin poder comunicarse. El dinero robado no ha sido encontrado, son solo sospechosos hasta el momento. Cuando están siendo interrogados se les ofrece:

a) confesarse culpable

b) implicar al otro sospechoso

c) negar haber participado del robo

La policía, en esta situación ofrece para cada caso un trato distinto resumido en el siguiente cuadro:

	Sospechoso 1 - Confiesa	Sospechoso 1- Niega el Robo
Sospechoso 2 - Confiesa	Ambos reciben 6 años de cárcel	El sospechoso 1 es condenado a 10 años de cárcel y el sospechoso 2 sale libre
Sospechoso 2- Niega el Robo	Sospechoso 2 es condenado a 10 años y sospechoso 1 sale libre.	Ambos son condenados a 1 año.

Confesar, es una estrategia dominante para ambos sospechosos, esto significa que sea cual sea la elección del otro siempre obtienen una sentencia menor, pero esto lleva a un resultado que no es el ideal ya que si ambos confiesan reciben una condena larga. El resultado de la decisión del otro, afecta la propia.

Analizándolo desde un interés grupal el resultado óptimo es que ambos niegan el robo y de esta forma quedarían con la sentencia mínima, pero si cada sospechoso actúa únicamente desde su egoísmo y confía solo en sí mismo recibirán la máxima sentencia.

He hecho referencia a esta teoría que podemos aplicar en infinidad de situaciones para poder concluir dos aspectos vinculados a este punto:

A)   Influimos e influyen en nosotros como equipo de trabajo todo el tiempo, a veces más conciente, a veces menos consciente

B) Debemos rodearnos de gente capaz porque buscamos influencias que nos hagan crecer

Tip 3: Saber Priorizar

"Las acciones expresan prioridades" Ghandi

Tal vez sea uno de los temas que más surge cuando se ocupa el rol de líder o coach, cómo organizarnos para que el día nos rinda y no nos gane. Alguien productivo es quien tiene un método que le garantiza cumplir sus metas y compromisos. Para lograr este método, debemos tener claro los conceptos de Importante, Urgente, No Importante y no Urgente.

Lo que es **urgente e importante**, hay que hacerlo y es nuestra máxima prioridad. Esto no admite postergación ni puede dejarse estar.

Cuando algo es **importante pero no es urgente**, simplemente debemos ponerle una fecha y planificarlo.

Algo que **no es importante pero es urgente**, si tenemos posibilidad, lo correcto sería delegarlo.

Por último cuando estamos frente a una tarea que **no es importante y no es urgente** debemos resolver entre eliminarla totalmente o postergarla. Hasta incorporar estos conceptos en forma integral se puede comenzar el día llenando el siguiente cuadro con las tareas que tenemos que realizar, nos va a permitir priorizarlas; se convertirá en nuestro método para hacer lo que realmente debemos hacer.

		URGENCIA	
		Urgente	**No Urgente**
I M P O R T A N C I A	**Importante**	(Se debe hacer hoy)	(Planificarlo)
	No Importante	(Delegarlo si es posible)	(Eliminarlo o Diferirlo)

Tip 4: Equilibrio

"Todo lo que ves, coexiste en un delicado equilibrio".

Película Rey León

Cuando hablo de equilibrio, hablo de visualizarnos y visualizar a los demás como un TODO, esto significa no solo tener en cuenta los aspectos laborales, sino personales, de intereses, de tiempo libre, la ética. No podemos ser eficientes en el plano laboral, y cuándo llegamos a nuestros hogares no poder tener un diálogo con un amigo, es decir, es necesario mantener un equilibrio.

Hace un tiempo, envié a distintos colegas una pregunta simple: ¿que es para ti el éxito?

Recibí afortunadamente varias respuestas, la que viene al caso con este tema es la siguiente: Considero exitoso a una persona que:

- Sea feliz con su trabajo
- Que mantenga una buena relación con su familia
- Que sea independiente económicamente
- Que sea una persona a la que se acude como consejero
- Que sea respetado por todo su entorno (empleados, amigos, socios, colegas, proveedores, clientes, etc.)
- Que tenga empatía
- Que comparta sus conocimientos y experiencia

- Que tenga capacidad de ayudar económicamente a alguien de su entorno que lo necesite
- Que sepa disfrutar del tiempo libre
- Que tenga algún hobbie

Lo que describe mi colega es justamente el concepto de "balance". Pero como suele suceder, no es sencillo. No es tarea fácil llegar a nuestros hogares y dejar los problemas del trabajo en el trabajo, incluso cuando no son problemas sino ideas, lo que resulta realmente complejo es la tarea de "desenchufarse".

Hace un tiempo me encontraba realizando un coaching en el que a la persona le estaba costando dormir y más que dormir, descansar. Era una persona bastante creativa con ideas todo el tiempo pero no estaba pudiendo dominarlo, aún en la madrugada estaba pendiente de temas a resolver. Compartí con él, el siguiente artículo que escribí hace ya unos años y que luego de ponerlo en práctica cambió su forma de encarar el trabajo como había cambiado la mía.

ENTENDIENDO LA MULTITAREA CEREBRAL

La multitarea implica realizar al menos dos tareas al mismo tiempo, - según un artículo de la revista Psychology Today [15] - solo ocurre si se cumplen dos condiciones:

a) al menos una de las tareas está tan bien incorporada y aprendida que es automática, es decir no requiere un

---

[15] Revista Psychology Today

esfuerzo mental realizarla (caminar, poner los cambios en el auto cuando uno se tiene práctica, etc)

b) las tareas a realizar pertenecen a distintos tipos de procesamiento, por ejemplo podemos leer y escuchar música clásica. Esto se debe porque la lectura y la música instrumental van por distintos sectores cerebrales. En cambio, si escucháramos música donde la letra requiere ser comprendida no podríamos prestar atención a la letra y la lectura al mismo tiempo

En resumen, la multitarea real en la vida cotidiana no es posible. Uno realmente no puede estar realizando dos tareas que requieren esfuerzo mental al mismo tiempo.

Lo que sucede en la práctica es que realizamos tareas en serie, es decir una a continuación de otra y en muchos casos conmutamos rápidamente de una para otra y esto nos da la sensación de hacerlas al mismo tiempo, esta situación de conmutación veloz es agotadora y es habitualmente lo que nos lleva al estrés.

No solo estrés, sino que según la PNAS [16] (Proceedings of the National Academy of Sciences) esta conmutación aparte de agotarnos nos hace más ineficientes que si realizáramos las tareas en su totalidad, una a continuación de la otra. Como ejemplo, un funcionario que verifica su correo electrónico sistemáticamente cada X minutos deteniendo lo que está realizando en ese momento rendirá menos que otro

---

[16] Proceedings of the National Academy of Sciences, https://www.pnas.org/

que lo verifica cada mayor período de tiempo y puede entre medio finalizar las tareas que está realizando.

Pregunta: ¿Cómo entrenar el cerebro para cambiar esta multitarea agotadora?

Respuesta: Ordenándolo

Todo el tiempo estamos manteniendo una super lista de tareas a realizar en nuestra cabeza y procesarlas todas al mismo tiempo intentando avanzar lo más rápido posible, es decir, estamos intentando ejecutarlas en multitarea aunque como ya vimos anteriormente esto no es posible. En palabras de David Allen "nuestra cabeza es para tener ideas no para mantenerlas allí todo el tiempo".

Originalmente publicado en 1956, George Miller hablaba del número mágico 7 más/menos 2. Es una teoría compleja e interesante que sigue siendo válida, en resumen lo que establece es que nuestro cerebro solo puede mantener 7 más menos 2 ideas al mismo tiempo, el problema no es que sólo son 7, sino que nuestro cerebro no distingue qué ideas son más importantes que otras. Es habitual que suceda tener 7 pensamientos importantes que ya no están siendo atendidos por qué fueron desplazados por otros 7 totalmente intrascendentes como por ejemplo intentar recordar el título de una canción.

Debemos entonces, crear el hábito de descansar nuestra mente.

Para lograrlo, necesitamos incorporar la costumbre de bajar a un medio que no sea nuestra mente esas ideas/pensamientos que nos están consumiendo recursos de nuestro cerebro.

Podemos "bajarlas" a un cuaderno que llevamos a todos lados u hoy utilizando la tecnología simplemente podemos anotar en nuestra lista de tareas a realizar todo aquello que se nos viene a la mente pero no es el momento de ejecutarlo. La idea es simple: no sobrecargar el cerebro en aquello que no es el momento de ejecutar, después de todo solo podremos manejar mentalmente una lista de 7 más/menos 2 tareas. ¡Esto es genial!

Este método simple, de dejar descansar nuestro cerebro desagotando y ordenando mediante bajar a una lista fuera de nuestro cerebro, da paz y permite dar foco cuando es el momento, distendernos con la tranquilidad de que no debemos retener con un esfuerzo grande en nuestra cabeza, sino sabiendo que ya está registrado en otro lado para ser procesando cuando llegue el momento.

Tip 5: Construir

"Nada es más creativo… o destructivo… que una mente brillante con un propósito", Dan Brown.

Frente a una discrepancia o discusión, propia o de terceros tenemos dos posturas posibles para tomar: construir o destruir. Aún más radicalmente expresado, si no estamos construyendo, estamos destruyendo aunque no nos lo propongamos. ¿Pero qué significa esto en términos prácticos? ¿qué es construir todo el tiempo?

Construir es una actitud basada en qué hacemos lo posible, en cada instancia, para unir o acercar y no para separar. Cuando estamos liderando un equipo y dos personas no se están entendiendo, lo que verdaderamente suma es intentar acercar y brindar los mecanismos para que este intento sea el mejor, tomar una postura independientemente de con quien simpatizamos más sería implícitamente destruir.

Si en una relación laboral o personal me estoy alejando de alguien, porque sucedió algo, porque no nos entendimos y simplemente dejo que el tiempo pase, lo que estoy haciendo es destruyendo ese vínculo.

Como comenté en líneas anteriores, estoy destruyendo simplemente porque no estoy construyendo. Si no trabajo en construir confianza, la estoy destruyendo. Esta actitud nos gobierna y tiene que ver con el ego que nos domina. ¿Queremos que el otro nos pida disculpas o queremos resolver una situación? Si me quedo quieto esperando, destruyo, si me muevo en la dirección correcta, construyo.

Cuando lideramos, construir es nuestra principal tarea diaria. Construimos vínculos, construimos ideas, generamos sinergia.

Tip 6: Comunicación efectiva

"Todas las mañanas me recuerdo a mí mismo: ninguna cosa que yo vaya a decir hoy va a enseñarme nada. Por lo tanto, si quiero aprender algo, tengo que escuchar", Larry King.

Liderar un equipo implica, comunicarse con el equipo. Resulta crucial lograr una comunicación efectiva para así poder cumplir los objetivos. Cuando decimos "efectiva" nos referimos a que lo que queremos comunicar, llegue de forma clara y entendible sin confusión ni dudas o margen de interpretación incorrecta.

Habilidades que se deben desarrollar para lograr una buena comunicación:

- **Forma.** No todo debemos comunicarlo de la misma forma, algunos temas requieren reserva e interacción personal, otros requieren ser escritos y enviados, otros son grupales. Determinar la forma, es el primer paso.

- **Respeto.** Es más fácil que el otro se abra si lo primero que percibe es respeto; respeto por sus ideas, por su trabajo. Sugiero para esto establecer un contacto directo mirando a los ojos y escuchando atentamente.

112

- **Apertura**. Debemos conversar con la menor cantidad de prejuicios posibles de forma de realmente incorporar el punto de vista del otro en lugar de estar apurados en dar una respuesta al respecto, esto genera conversaciones más honestas y con más respeto.

- **Claridad**. Un amigo menciona siempre "mucho gre gre para decir gregorio", es su forma de decir que se debe ser claro. Ser escueto por demás quita claridad, y alargar un mensaje también. Se debe hablar lo justo y adecuado para transmitir un mensaje. Si nos vamos por las ramas, el otro pierde interés en nuestro contenido.

- **Escuchar**. Qué es lo que nos dice el otro? O realmente, ¿qué nos quiere decir? Si estamos apurados en comunicar nuestra postura o conclusión sobre algo, no vamos a llegar muy lejos. Para comunicar exitosamente, se debe primero escuchar activamente.

Tip 7: Optimizar

"Las tres cosas más difíciles de este mundo son: guardar un secreto, perdonar un agravio y aprovechar el tiempo", Benjamin Franklin

El tiempo de los demás es tan valioso como el nuestro, por esto, un buen líder debe estar pendiente de los procesos con una mirada crítica que permita optimizarlos, de esta forma logrará optimizar los tiempos de su equipo, y por lo tanto, del resultado grupal, es decir; permitirá cumplir antes sus objetivos.

Algo que incorporé hace unos años es el espíritu de la metodología Lean, donde uno de los objetivos más importantes es encontrar "desperdicios" siendo éstos una actividad, proceso u operación que no generan valor.

Cuando eliminamos los desperdicios, quitamos burocracia y mejoramos la eficiencia.

El Lean creado por Taiichi Ohno como consultor de Toyota buscaba mejorar la producción para poder competir con las automotrices americanas, por eso muchas veces encontramos artículos sobre Lean haciendo referencia a él como "método toyota".

Las "5S" también de Toyota forman parte de esta metodología y proponen lo siguiente:

- Seiri: Separar del espacio de trabajo lo que resulta inútil
- Seiton: Organizar de forma eficaz
- Seiso: La limpieza como prioridad
- Seiketsu: Estandarizar procedimientos para evitar desorden
- Shitsuke: Mejora continua

La mejora continua, componente de las 5s lo que propone es que si volvemos a revisar el proceso en forma periódica volveremos a ajustarlo para ser cada vez más eficientes. Las aplicaciones de Lean son enormes y hay mucho más que lo mencionado aquí, pero el objetivo es incorporar el concepto de "Desperdicio". Hasta el momento, no me ha tocado organización como consultor que no requiera optimizar parte de su proceso.

A continuación algunos ejemplos simples que suceden en las organizaciones en forma cotidiana:

- Alguien "aprueba" o firma "documentos" sin generar valor, ya sea que sus subordinados son quienes conocen el trabajo y lo resuelven, o simplemente, porque en organizaciones antiguas se definió ese rol. Esto es una actividad que no genera valor, nos transformamos en un cuello de botella donde espera por nosotros la aprobación de algo sin sentido.

- Se realizan sobre compras que generan un problema financiero (mucho dinero en stock, poco dinero disponible), lo que propone Lean y específicamente

JIT (Just in time) es que se debe comprar lo que se va a utilizar y es allí donde el proveedor tiene un rol importantísimo así como los acuerdos realizados con él.

- Se recibe un mail y sin agregar valor se reenvía para realizar la consulta a otra persona. En general, esto lo que hace es enlentecer el tiempo de respuesta en relación a haber consultado directamente a quién tiene la respuesta.

Frases que permiten detectar estas situaciones y deben encender luz amarilla para analizarse:

- "Siempre lo hicimos así"
- "Es importante lo apruebe fulano", pero no se define por que es importante o qué criterio se utiliza
- Funcionar con "cargos" en lugar de con "roles". "Fulano es el jefe y debe estar al tanto". Es correcto estar al tanto pero no por ser el jefe, si no tiene un valor a agregar, NO debe ser parte del proceso.

La implementación de Lean, aún no formalmente sino como una actitud de mejora y la búsqueda constante de desperdicios impactan siempre, y sin excepción, en la performance de una organización. Un líder que sobresale, sin lugar a dudas domina esta técnica y la aplica aún sin darse cuenta.

Tip 8: Inteligencia Emocional

"Lo que realmente importa para el éxito, el carácter, la felicidad y los logros vitales es un conjunto definido de habilidades sociales, no solo habilidades cognitivas, que son medidas por tests convencionales de cociente intelectual"

Daniel Goleman.

Últimamente me he cruzado con artículos y disertantes que se refieren a que la inteligencia está sobrevalorada, otros la comparan con ser amable como si fueran temas vinculados, otros defienden una postura y otros entierran la idea como blasfema.

La inteligencia en sí misma, como referencia a la capacidad intelectual en forma aislada para un líder no significa demasiado. Probablemente, si estuviéramos hablando en un entorno científico y habláramos de un físico que está 20 horas diarias cambiando el mundo seguramente la reflexión sería otra.

Un líder que realiza su trabajo en forma extraordinaria, en general es muy inteligente, digo en general porque no es un requerimiento, lo que sí es requerimiento para que la tarea sea realizada de forma destacada es que posea inteligencia emocional.

Los rasgos de aquellos que la poseen son:

- Se conectan con las emociones de los demás, es decir generan empatía

- Se auto-dominan, se autocontrolan, no reaccionan inmediatamente manejan sus impulsos en forma ordenada

- Se conocen y conocen sus emociones y sus orígenes

- Gestionan conflictos adecuadamente y son grandes comunicadores

- Influyen sobre las personas en forma positiva

- Son grandes motivadores de sí mismos y de otros

Un "tonto" liderando y motivado será un problema de una dimensión grande. Un líder intelectual-inteligente pero carente de inteligencia emocional será aún más peligroso.

Tip 9: Marketing de la Derrota

"Todos fallamos en alcanzar nuestros sueños de perfección, así que nos ponemos nota sobre la base de nuestro espléndido fracaso al intentar lograr lo imposible" William Faulkner.

Las modas existen, y en management también. La moda actual es inscribir el éxito como una consecuencia de la derrota/fracaso repetida. Esto no es necesariamente así y el éxito no se logra a partir de cualquier derrota; algunas derrotas tumban y otras enriquecen.

Suele suceder también que la derrota es colectiva pero el éxito termina siendo personal, esto es espantoso y agotador para el equipo.

Algunos líderes mediocres abandonan una compañía porque no consiguen el éxito allí, pensando que otra compañía les permitirá lograrlo. Salvo algunas excepciones, esto tampoco es del todo cierto. Si lideramos tenemos el poder de gestar el cambio y si no lo hemos logrado es nuestra responsabilidad. La derrota tiene que ver con algo que perseguimos y no logramos alcanzar, la derrota es algo que puede suceder y un líder debe tener una postura tomada sobre esto.

El líder debe planificar para que la derrota no exista y si existe capitalizar y continuar. Debe preverla porque algunas pueden ser liquidantes.

Si un líder, se mete en un proyecto que requiere un esfuerzo económico importante, tal vez un préstamo o una hipoteca de algún activo de la empresa y no prevé un plan de salida, es decir, no se pregunta ¿y si esto no funciona, como sobrevivimos y seguimos? será más parecido a una lotería que a un proceso ordenado.

Algunos al leer esto pensarán "bueno, para esto hay un área financiera, o está el directorio" eso es justamente la línea que separa un líder, de un líder que se destaca. Las líneas funcionales al momento de la responsabilidad no deben existir, si uno es responsable y algo le parece mal tiene la obligación de actuar en consecuencia, comunicando y argumentando.

Está bien soñar, pero siempre soñar despierto.

La derrota no es un requerimiento, la derrota es un camino más que a veces nos toca vivir, lo importante es que seamos lo suficientemente planificadores como para que nos impacte lo menos posible; más aún, para que impacte al equipo que conducimos, lo menos posible.

Una derrota es siempre una frustración, esta frustración puede ser tan grande que algunos miembros del equipo decidan cambiar de rumbo.

Manejar adecuadamente el fracaso personal o grupal es parte crucial de un líder, como vamos a actuar cuando un integrante tomó un camino no adecuado: ¿vamos a educar, a compartir o vamos a escarmentar?

Si queremos rodearnos de los mejores, aún en el error no debemos dejar de esperarlo, por esto he sido extremadamente duro y crítico pero siempre con el objetivo de fortalecer al otro y a mí mismo.

Recuerdo una situación en la que frente a un error comercial "apreté" fuertemente al responsable siempre con el convencimiento de que esa experiencia debía ser capitalizada y llamando a la reflexión: pero estas palabras lindas en este momento fueron duras y precisas, incluso por momentos hirientes. Mi argumento como líder, era que se podía hacer mejor, que la persona involucrada podía hacerlo mejor, que tenía el potencial y la capacidad y que conformarnos con la situación actual no era correcto.

Días después de ese "reto" recibí unas palabras que me confirmaron valió la pena. "Diego, me hiciste pensar, tenés una forma de dar vuelta el problema y llevarme a más, que vale la pena, gracias", me dijo.

La derrota, el error, el fracaso también se maneja, debemos elegir qué plan de marketing le aplicaremos.

Tip 10: Éxito

"No hay secretos para el éxito. Este se alcanza preparándose, trabajando arduamente y aprendiendo del fracaso" Colin Powell.

Cómo nos definimos el éxito a nosotros mismos, cómo lo vivimos, será la forma en que lo apreciemos en los demás y guiará nuestra comunicación, nuestra valoración y nuestro lenguaje.

En mi país, mi cuñado es una de las personas más exitosa que conozco y vale la pena compartir por qué.

Es veterinario recibido luego de varios años de estudios, en forma paralela su pasión por los caballos lo hizo tomar de forma muy particular un curso en el ejército sobre herrado (hacer las herraduras) de caballos. Digo particular, por que no existía en ese momento en nuestro país otro curso formal para herradores que no fuera vinculado al Ejército.

Históricamente la tarea de herrar es una tarea vinculada al peón de campo, el mismo peón que arrea el ganado, corta la chirca y alhambra también se encargaba de mantener las patas de los caballos en forma, como cualquier persona que abarca tanto; la tarea no estaba especializada.

Mi cuñado comienza a especializarse, entendiendo la importancia del pisar del animal, sobre todo en aquellos que son de carrera y suelen valer cifras muy importantes.

Comienza a ganar experiencia y realiza varios viajes donde lo contratan y continúa siempre focalizándose en cómo pisan los equinos, y por lo tanto, en la tarea de herrarlos. Sin darse cuenta ni planificarlo, comienza a ser un referente en el país y más tarde en todo Sudamérica en esta área.

Su día normal consta de levantarse muy temprano y visitar a algún cliente distinto cada día para herrar sus caballos. Los fines de semana, al menos uno al mes estará dando clase de herrado y cada dos o tres meses estará de viaje haciendo esto mismo en algún otro lugar del mundo.

Ha organizado campeonatos para herreros donde he tenido el gusto de asistir y se vive como una fiesta, ha modificado vehículos para poder cargar sus herramientas que son particulares en las que está una fragua para cincel y martillo para darle forma a la herradura y que le quede como un zapato a medida a cada caballo. En su tiempo libre, es habitual recorra 200 kilómetros ida y otros 200 de vuelta para tirarse al agua y surfear.

Al día de hoy continúa creciendo y aún no es consciente que este camino recién comienza para él.

Este proceso que he resumido y que es fruto de muchísimo esfuerzo de su parte resume perfectamente la idea de éxito que he acuñado y que entiendo es parte fundamental de la visión de un líder que realice su tarea de forma excepcional.

Para mí, el éxito es **realizar las tareas cotidianas de forma extraordinaria.**

Esto es justamente lo que mi cuñado hizo, una tarea cotidiana como el herrado, la llevó tan lejos como ha podido. Es decir, lo realizó de forma extraordinaria.

El éxito no es dinero. El éxito no es tener una buena idea y no llevarla a cabo. El éxito no es un vale todo. No es exitoso quien abandona sus afectos sólo para lograr un resultado y cuando llega a la meta se encuentra solo.

El éxito es agarrar una tarea, una idea, una meta y darle vuelta para hacerlo de la mejor forma manteniendo un equilibrio que es humano.

Cuando incorporamos esta idea simple de qué es el éxito, tendremos una mirada distinta para con nosotros mismos pero lo más importante como líderes, para con los demás. ¿Cuánta gente exitosa nos rodea y no nos detuvimos a admirarlas y aprender observándolos?

Disfruto mucho conversando con distintas personas que han sido exitosas en lo suyo, que lo han hecho distinto y excepcional, en general su narrativa inspira y da energías.

Cuando realizamos las tareas cotidianas en forma extraordinaria es dónde no hay límites, donde el compromiso es el máximo, donde se logra el verdadero potencial.

Bibliografía

- Bandler R. & Grinder J. "The Structure of Magic I: A Book about language and therapy", 1975.
- Bennis W. "Conducir Gente es tan difícil como arrear Gatos", 1998
- Bucay J. "Cuentos para pensar", 1997
- Drucker P. "Practice of Management", 1954
- Fisher R. & Ury W. & Patton B. "Getting to YES", 1981
- Goleman, D. "La Inteligencia emocional", 1995
- Herzberg F. "Teoría de los factores", 1959
- House, R. "La teoría del camino objetivo" , 1971
- John von Neumann, "Game Theory and the puzzle of the bomb", 1993
- Lewin, K. "Teoría del campo y experimentación en psicología social", 1951
- Locke E. "Teoría de la fijación de Metas", 1968
- Luft J. & Ingham H "La ventana de Johari", 1955
- Maslow A. "A Theory of Human Motivation", 1943
- McGregor, D. "El lado humano de las organizaciones", 1960

- Napier, Nancy K., "The myth of multitasking", 2014
- Nietzsche F. "Asi habló Zaratustra", 1883
- Russel B. "La conquista de la felicidad", 1930
- Subirana M. & Cooperrider D. "Indagación Apreciativa", 2013
- Sun Tzu "El Arte de la Guerra", siglo V A.C
- Whitmore, J. "Coaching for Performance", 1992